Einstern

Mathematik für Grundschulkinder

3

Themenheft 1

✶ Die Zahlen bis 1000
✶ Geometrie Teil 1 –
   Achsensymmetrie

Erarbeitet von Roland Bauer und Jutta Maurach

In Zusammenarbeit mit der
Cornelsen Redaktion Grundschule

Cornelsen

Einstern 3

Mathematik für Grundschulkinder
Themenheft 1
Die Zahlen bis 1 000
Geometrie Teil 1 –
Achsensymmetrie

Erarbeitet von:	Roland Bauer, Jutta Maurach
Fachliche Beratung:	Prof'in Dr. Silvia Wessolowski
Fachliche Beratung exekutive Funktionen:	Dr. Sabine Kubesch, INSTITUT BILDUNG plus, im Auftrag des ZNL TransferZentrum für Neurowissenschaften und Lernen, Ulm
Redaktion:	Friederike Thomas, Peter Groß, Uwe Kugenbuch
Illustration:	Yo Rühmer
Umschlaggestaltung:	Cornelia Gründer, agentur corngreen, Leipzig
Layout und technische Umsetzung:	lernsatz.de

fex steht für *Förderung exekutiver Funktionen*. Hierbei werden neueste Erkenntnisse der kognitiven Neurowissenschaft zum spielerischen Training exekutiver Funktionen für die Praxis nutzbar gemacht. **fex** wurde vom **ZNL TransferZentrum für Neurowissenschaften und Lernen** *(www.znl-ulm.de)* an der Universität Ulm gemeinsam mit der **Wehrfritz GmbH** *(www.wehrfritz.com)* ins Leben gerufen. Der Cornelsen Verlag hat in Kooperation mit dem ZNL ein Konzept für die Förderung exekutiver Funktionen im Unterrichtswerk *Einstern* entwickelt.

Bildnachweis
18 © Europäische Zentralbank

www.cornelsen.de

1. Auflage, 6. Druck 2022

Alle Drucke dieser Auflage sind inhaltlich unverändert
und können im Unterricht nebeneinander verwendet werden.

© 2016 Cornelsen Schulverlage GmbH, Berlin
© 2018 Cornelsen Verlag GmbH, Berlin

Druck: Parzeller print & media GmbH & Co. KG, Fulda

ISBN 978-3-06-081784-9
ISBN 978-3-06-084233-9 (E-Book: alle Themenhefte Einstern 3)

Inhaltsverzeichnis

Achsensymmetrische Figuren

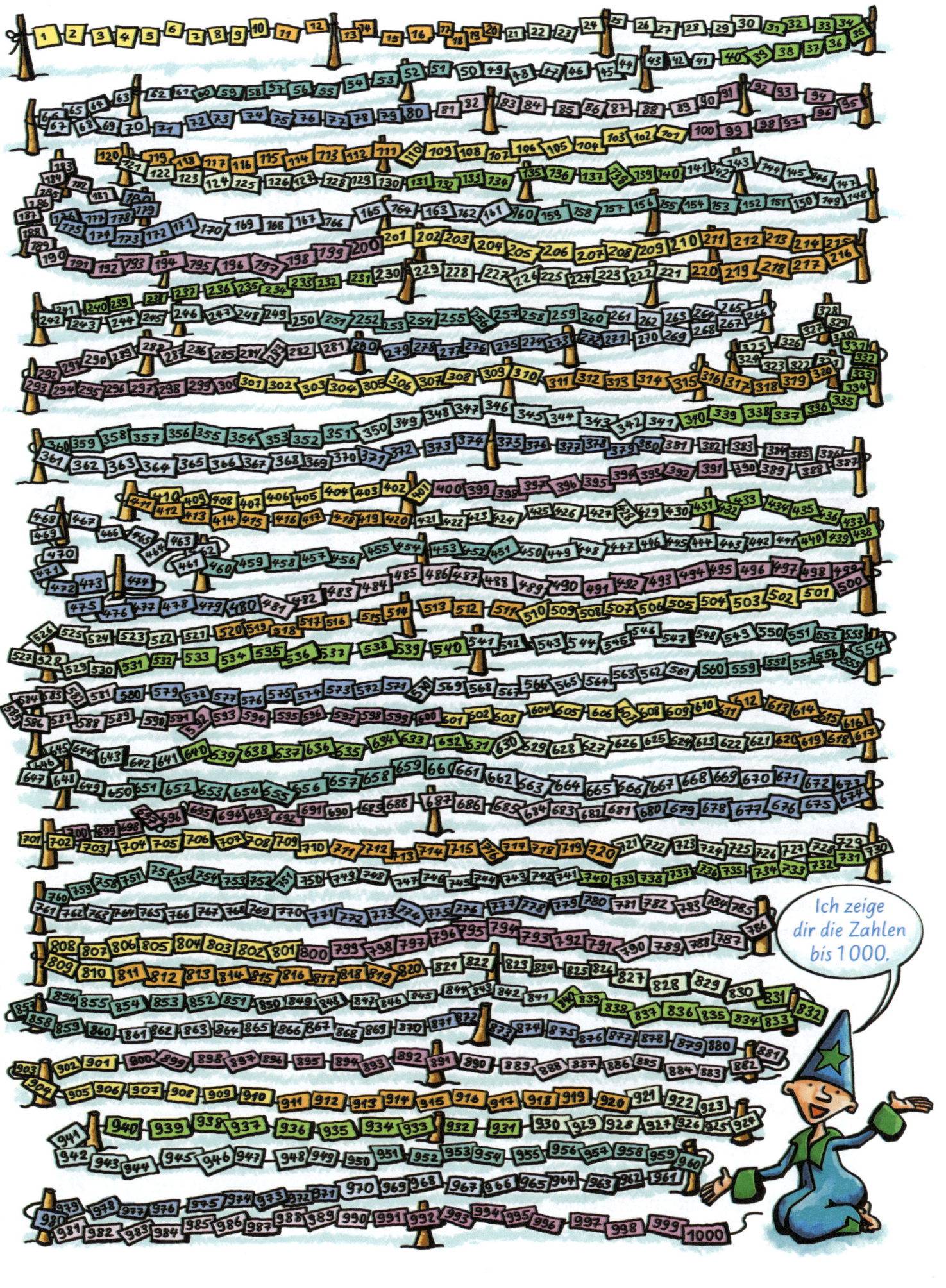

Ich zeige dir die Zahlen bis 1000.

Zahlen finden und verstehen

B ON 215
Würzburg 237 km
Frankfurt 222 km
Kassel 34 km
1000 Holzperlen
2
1
E
Tragfähigkeit
940 kg
oder 12
Personen
P
400 m
145
800 Teile
112
400 g
300
m
480 €
PARIS
ab 370,- €
F-Kalbach
Würzburg
Offenbach
661 Frankfurt
Bad Homburg
Frankf. Kreuz
Kassel
661
Lade
450 g

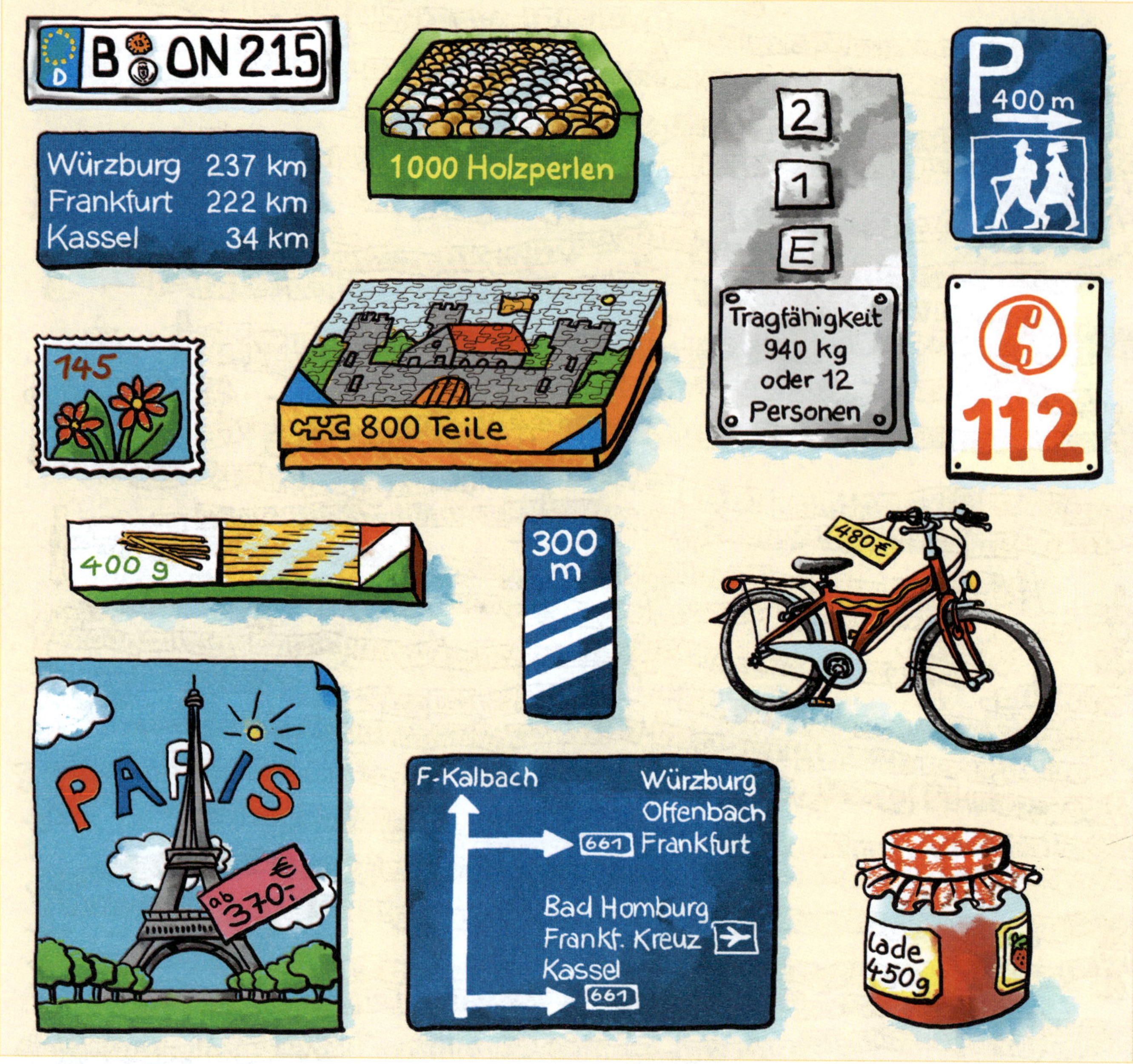

1 Besprich mit einem anderen Kind, was diese Zahlen bedeuten.

2 Suche große Zahlen.

a) Suche in deiner Umgebung, in Katalogen oder Zeitungen weitere Abbildungen mit großen Zahlen. Besprich mit einem anderen Kind, was sie bedeuten.

b) Zeichne oder klebe diese Bilder in dein Heft. Du kannst auch mit anderen Kindern ein Plakat gestalten.

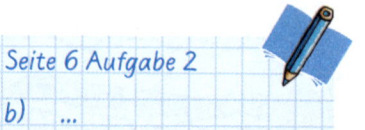

Seite 6 Aufgabe 2
b) ...

* untersuchen und erläutern verschiedene Bedeutungen von Zahlen aus ihrer Umwelt
* tauschen sich mit anderen Kindern über sachrelevante Informationen aus
* suchen eigene Beispiele, dokumentieren und präsentieren diese

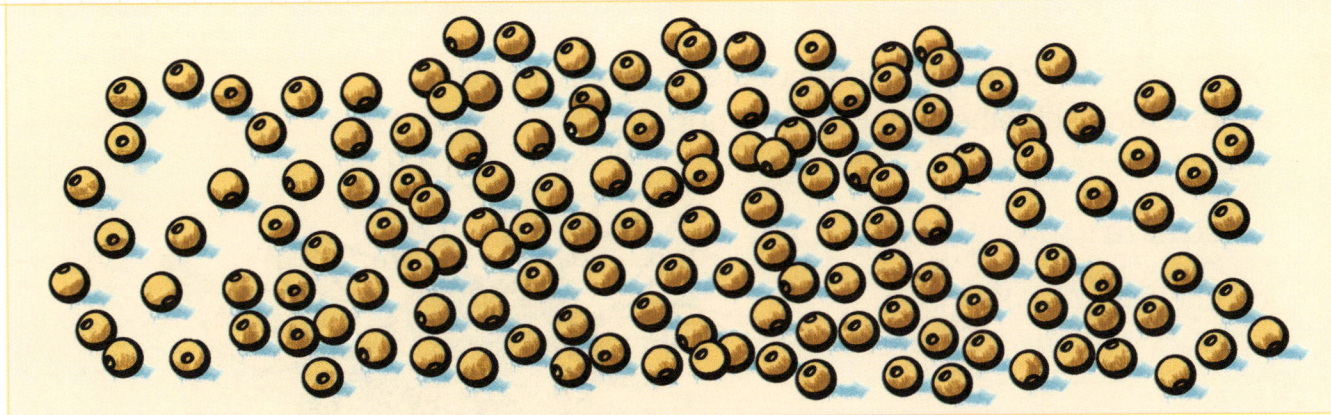

1 Schätze, wie viele Holzperlen es sind. Überlege, wie du die Anzahl der Perlen am besten bestimmen kannst. Zähle anschließend. Schreibe beide Ergebnisse auf. Vergleiche deine Vorgehensweise beim Schätzen und Zählen mit verschiedenen Partnerkindern.

Ich schätze ☐ Perlen.   Ich zähle ☐ Perlen.

2 Zum Zählen haben die Kinder die Perlen so angeordnet:

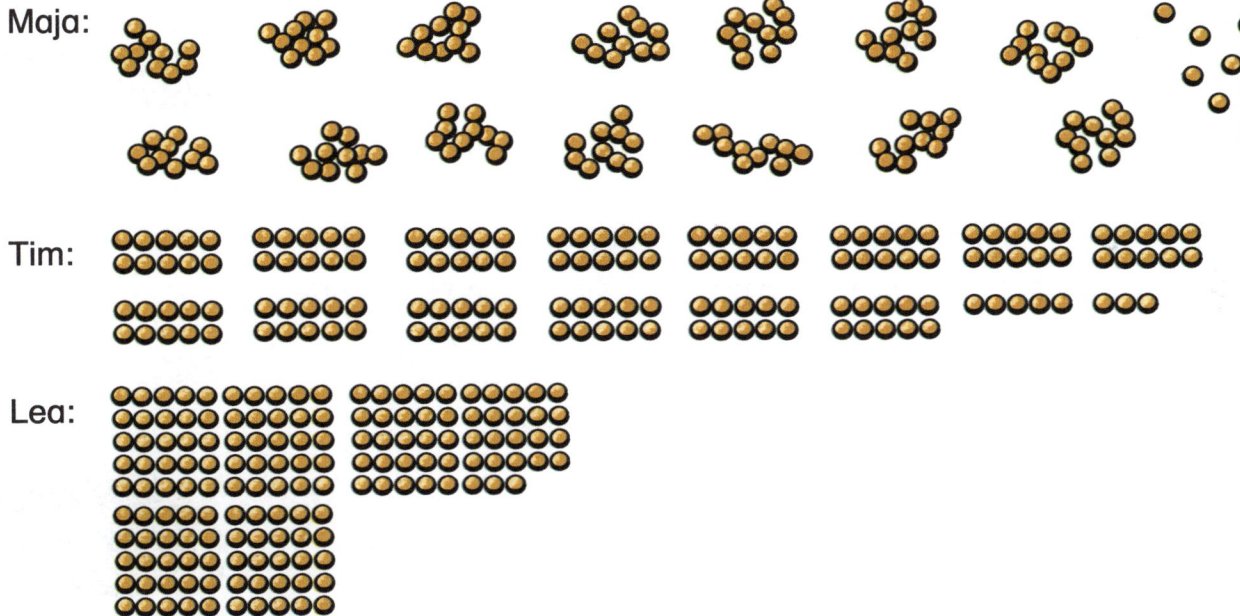

Maja:

Tim:

Lea:

a) Besprich mit einem anderen Kind, wie die Kinder die Perlen jeweils zusammengefasst haben.

b) Überlegt gemeinsam, bei welcher Anordnung ihr die Anzahl am besten bestimmen könnt.

→
200 700 400   900 300 500 100   500 300 600 200 800

★ schätzen und bestimmen Anzahlen
★ erkennen und nutzen Strukturen bei der Zahlerfassung
★ beschreiben und begründen das eigene Vorgehen und vergleichen es mit dem anderer Kinder

7

Schätzen und Schätzhilfen benutzen

1 Wie viele Sonnenblumenkerne hat die Sonnenblume?
Schätze und schreibe dein Ergebnis auf.
Beachte dabei Einsterns Hinweis.

Ich schätze [ ] Kerne.

Ich zähle [ ] Kerne.

Das sind 50 Kerne.

2 Wie viele Perlen passen etwa in den Glasbehälter?
Schätze und schreibe dein Ergebnis auf.

Ich schätze [ ] Perlen.

3 Vergleiche deine Vorgehensweise bei den Aufgaben **1** und **2**
mit der Vorgehensweise eines anderen Kindes und begründe sie.

4 Wie viele Steckwürfel passen in deine Brotdose?

a) Schätze und schreibe dein Ergebnis auf.

erste Schätzung: _____

b) Reinige deine Brotdose und lege dann die Bodenfläche mit Steckwürfeln aus.
Schätze nochmals und schreibe auch dieses Ergebnis auf.

zweite Schätzung: _____

c) Fülle nun die Dose ganz mit Steckwürfeln. Zähle sie dabei.

genaue Zahl: _____

d) Solche Versuche kannst du auch mit anderen Gegenständen durchführen.

★ schätzen und bestimmen Anzahlen
★ entwickeln und vergleichen Strategien beim Schätzen
★ übertragen ihre Erkenntnisse auf ähnliche Sachverhalte

Bündelungen als Zählhilfe nutzen

In jedem Strauß sind 10 Rosen.

1 So verschickt die Gärtnerin ihre Blumen:

a) Bestimme die Anzahl der Rosen in einem Karton.

In einem Karton sind ⬚ Rosen.

b) Bestimme die Anzahl der Kartons, der Sträuße und der Rosen auf der Palette.

Auf einer Palette sind ⬚ Kartons, ⬚ Sträuße und ⬚ Rosen.

c) Tausche dich mit einem anderen Kind aus, wie man die Anzahl der Rosen auf der Palette bestimmen kann.

2 Bestimme jeweils die Anzahl der Kartons, Sträuße und Rosen.

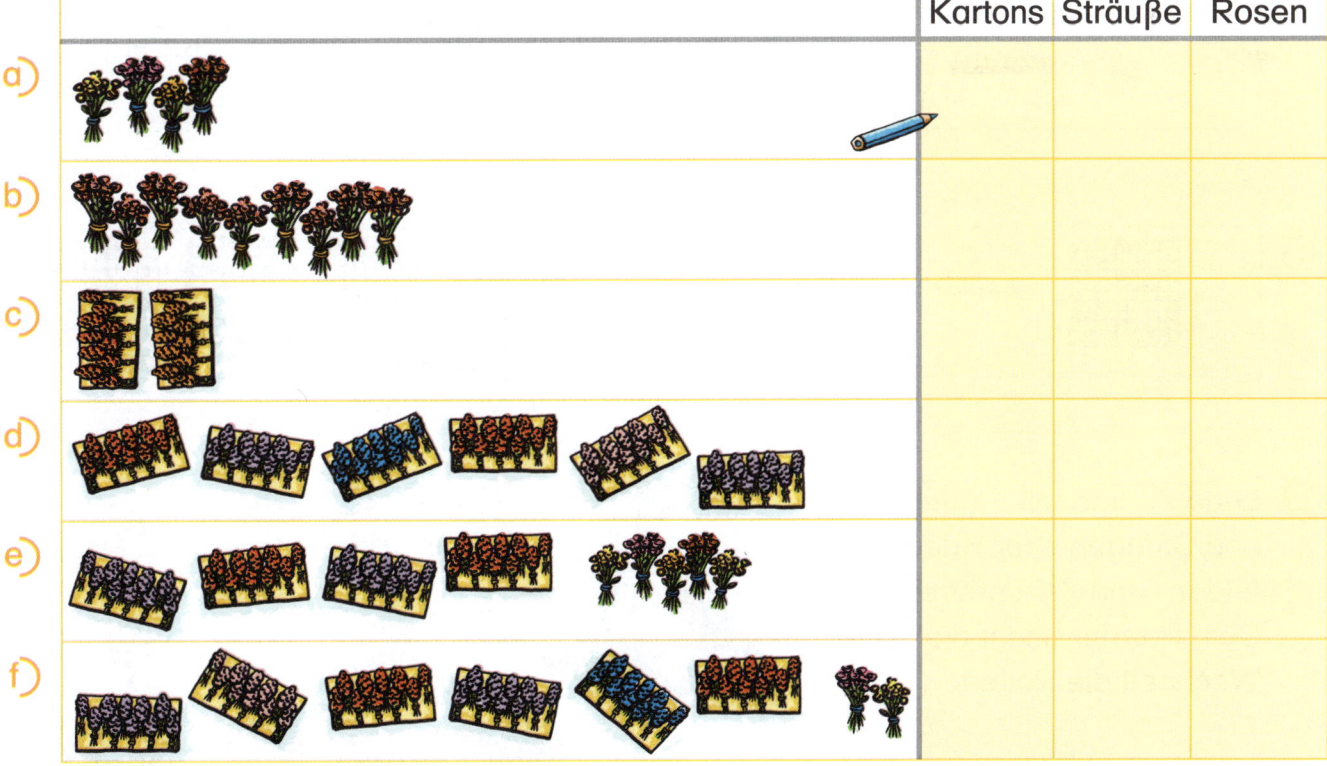

	Kartons	Sträuße	Rosen
a)			
b)			
c)			
d)			
e)			
f)			

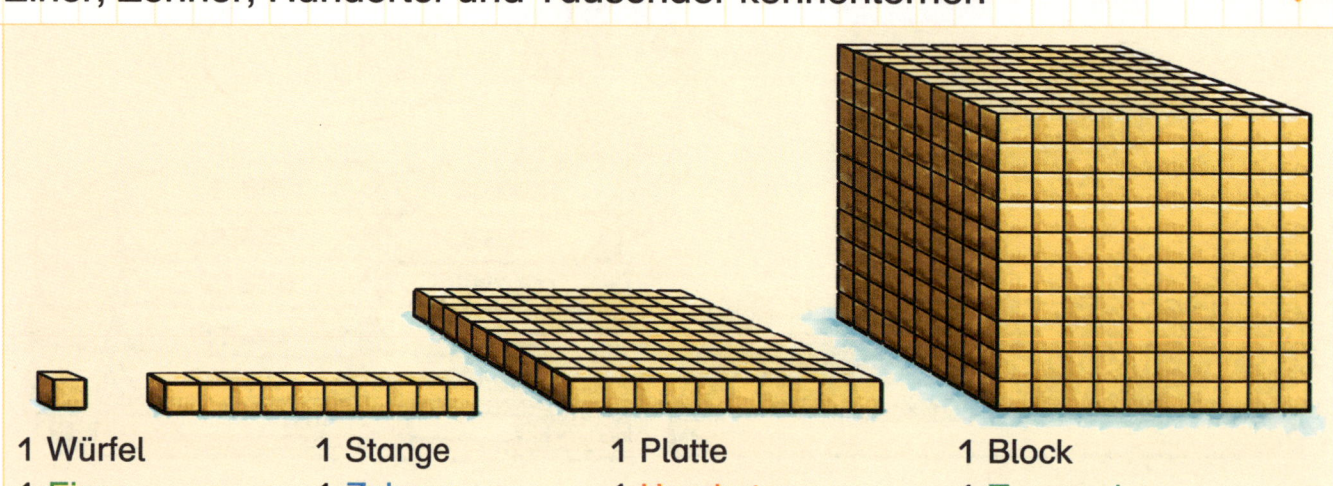

| 1 Würfel | 1 Stange | 1 Platte | 1 Block |
| 1 Einer | 1 Zehner | 1 Hunderter | 1 Tausender |

1 Betrachte den Zusammenhang zwischen Würfel, Stange, Platte und Block.

a) Ein Block hat _____ Platten.

b) Eine Platte hat _____ Stangen, ein Block hat _____ Stangen.

c) Eine Stange hat _____ Würfel, eine Platte hat _____ Würfel

und ein Block hat _____ Würfel.

2 Was fällt dir bei den Ergebnissen von Aufgabe **1** auf?
Sprich mit einem anderen Kind darüber.

3 Bestimme die Anzahl der kleinen Würfel.

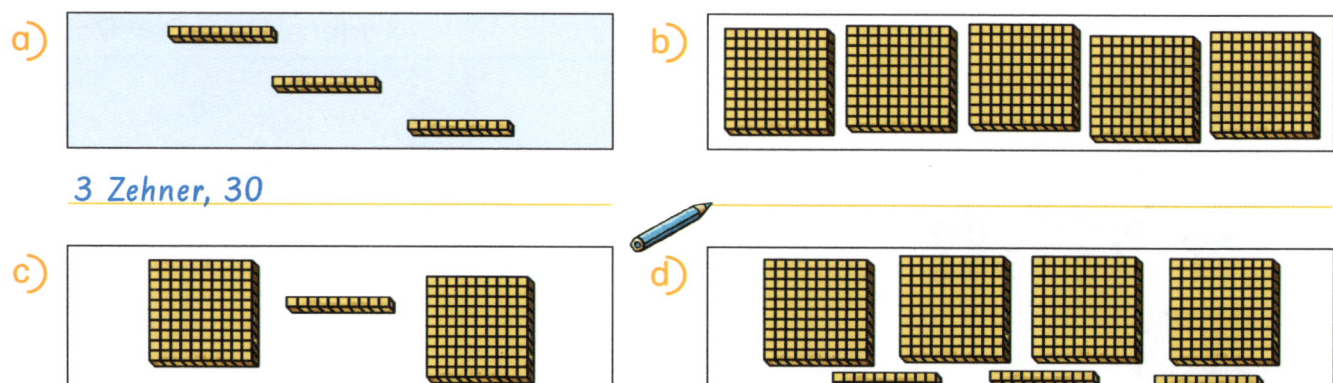

a)

3 Zehner, 30

b)

c)

d)

4 Lege Zahlen mit Platten
und Stangen oder Hunderter-
feldern und Zehnerstreifen.
Dein Partner nennt die Zahlen.
Wechselt die Rollen.

dreihundert

Tim

Lea

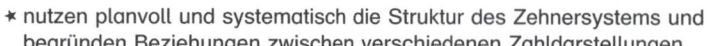

★ nutzen planvoll und systematisch die Struktur des Zehnersystems und
begründen Beziehungen zwischen verschiedenen Zahldarstellungen
★ betrachten, formulieren und begründen Zusammenhänge zwischen den Stufen des Zehnersystems

Zahlen bilden und in der Stellentafel notieren

 1 Lege mit Hundertern, Zehnern und Einern eine Zahl.
Dein Partner bestimmt die Zahl und notiert sie in der Stellentafel.
Wechselt die Rollen.

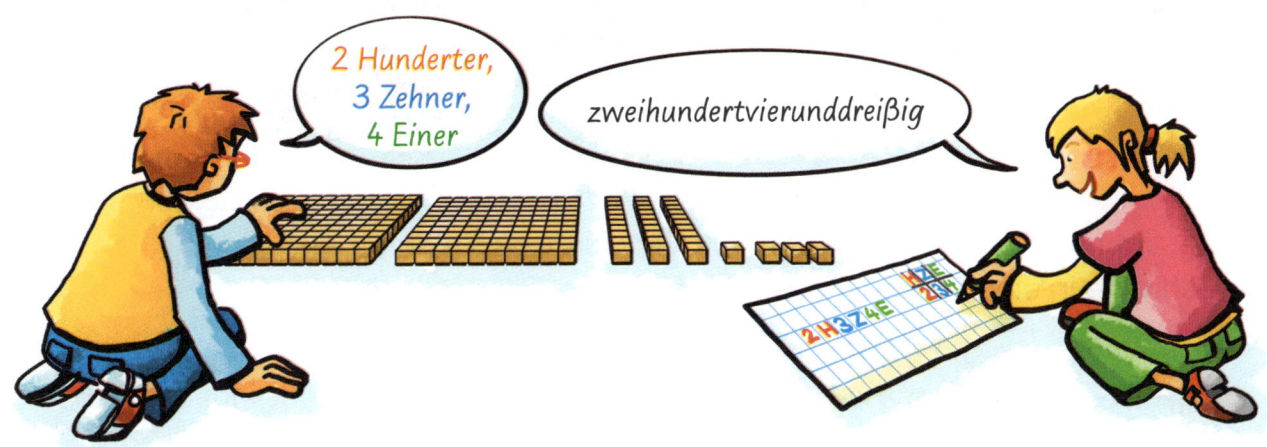

2 Bestimme für jedes Bild die Anzahl der Hunderter, Zehner und Einer.
Schreibe in eine Stellentafel.

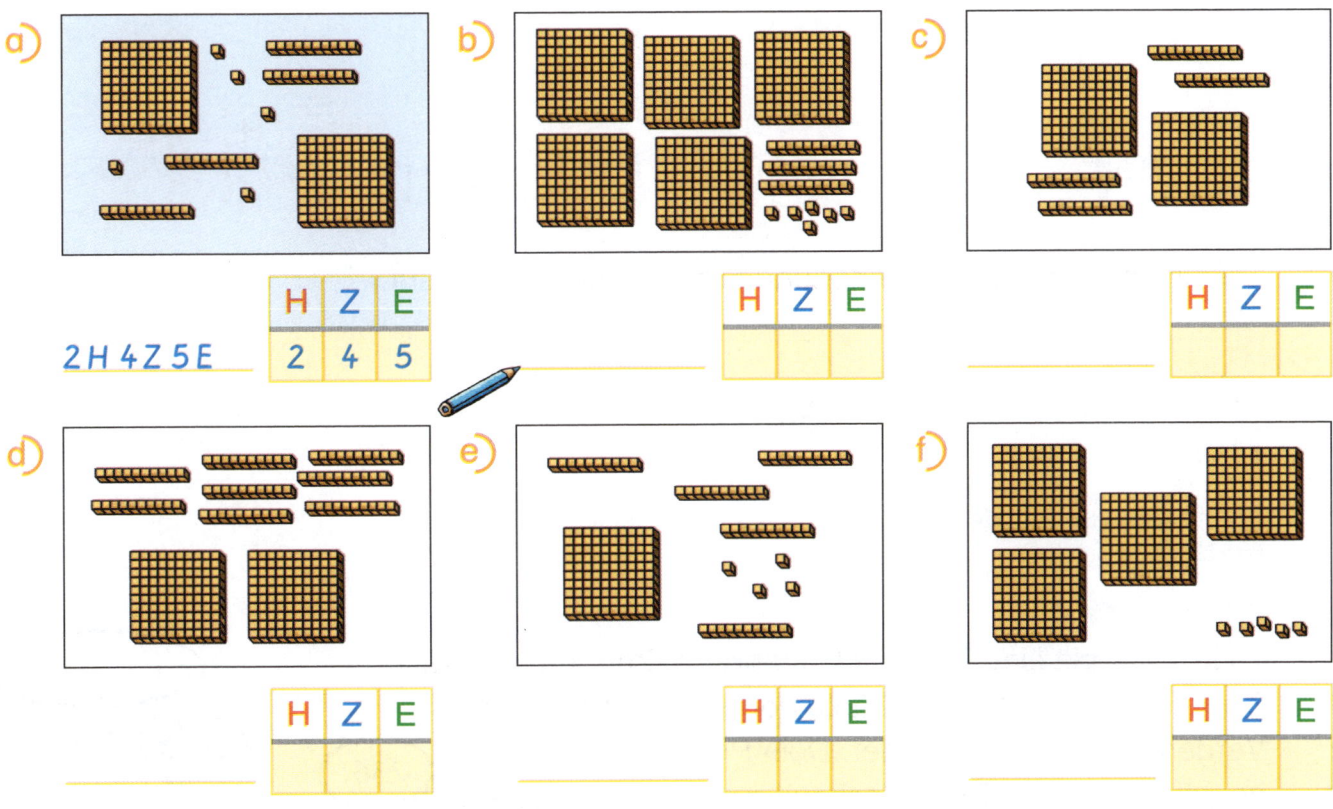

a)

H	Z	E
2	4	5

2H 4Z 5E

b)

H	Z	E

c)

H	Z	E

d)

H	Z	E

e)

H	Z	E

f)

H	Z	E

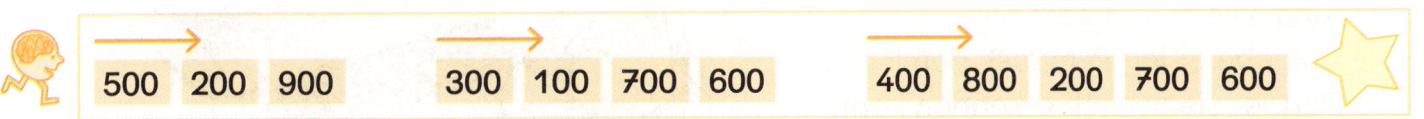

500 200 900   300 100 700 600   400 800 200 700 600

★ nutzen planvoll und systematisch die Struktur des Zehnersystems und
begründen Beziehungen zwischen verschiedenen Zahldarstellungen
★ übertragen eine Darstellung in eine andere

11

Bilder und Zahlen zuordnen

Hunderter, Zehner und Einer kannst du so aufzeichnen und aufschreiben.

1 Bestimme für jedes Bild die Anzahl der Hunderter, Zehner und Einer.
Schreibe in eine Stellentafel und als Zahl.

a) □□□IIII..

H	Z	E
3	4	2

342

b) □□□□ III........

H	Z	E

c) □IIIII I...

H	Z	E

d) □□□□□II....

H	Z	E

e) □□□I.....

H	Z	E

f) □□..

H	Z	E

g) □□□IIII

H	Z	E

h) □□□□□ □........

H	Z	E

2 Zeichne die passenden Bilder und schreibe die Zahlen auf.

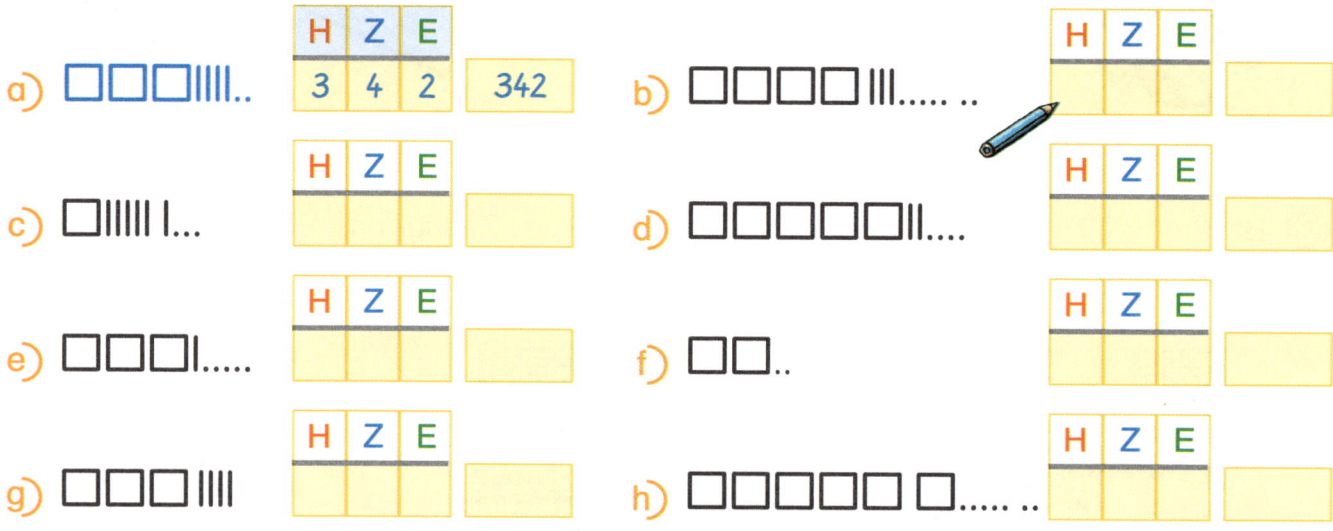

a)

H	Z	E
1	3	5

□III.....

135

b)

H	Z	E
2	3	6

c)

H	Z	E
3	2	4

d)

H	Z	E
5	3	1

3 Blitzgucken:

Lege verdeckt eine Zahl mit Hundertern, Zehnern und Einern.
Zeige sie einem Partner. Zähle dabei langsam bis drei.
Verdecke deine Zahl wieder. Dein Partner
nennt die gelegte Zahl. Wechselt die Rollen.

1 ..., 2 ..., 3

236

4 Überlege mit einem anderen
Kind, wie du die Zahl bei
Aufgabe **3** legen musst, damit dein
Partner sie schnell erkennen kann.

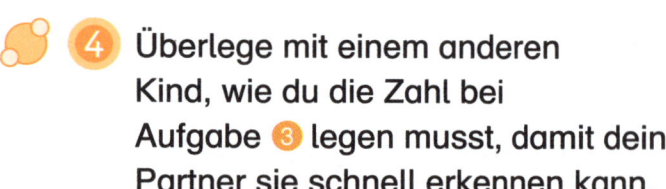
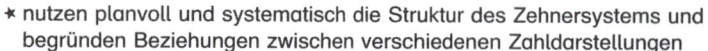

✱ nutzen planvoll und systematisch die Struktur des Zehnersystems und
begründen Beziehungen zwischen verschiedenen Zahldarstellungen
✱ übertragen eine Darstellung in eine andere

1 Bestimme für jedes Bild die Anzahl der Hunderter, Zehner und Einer.
Schreibe in eine Stellentafel und als Zahl.

a)

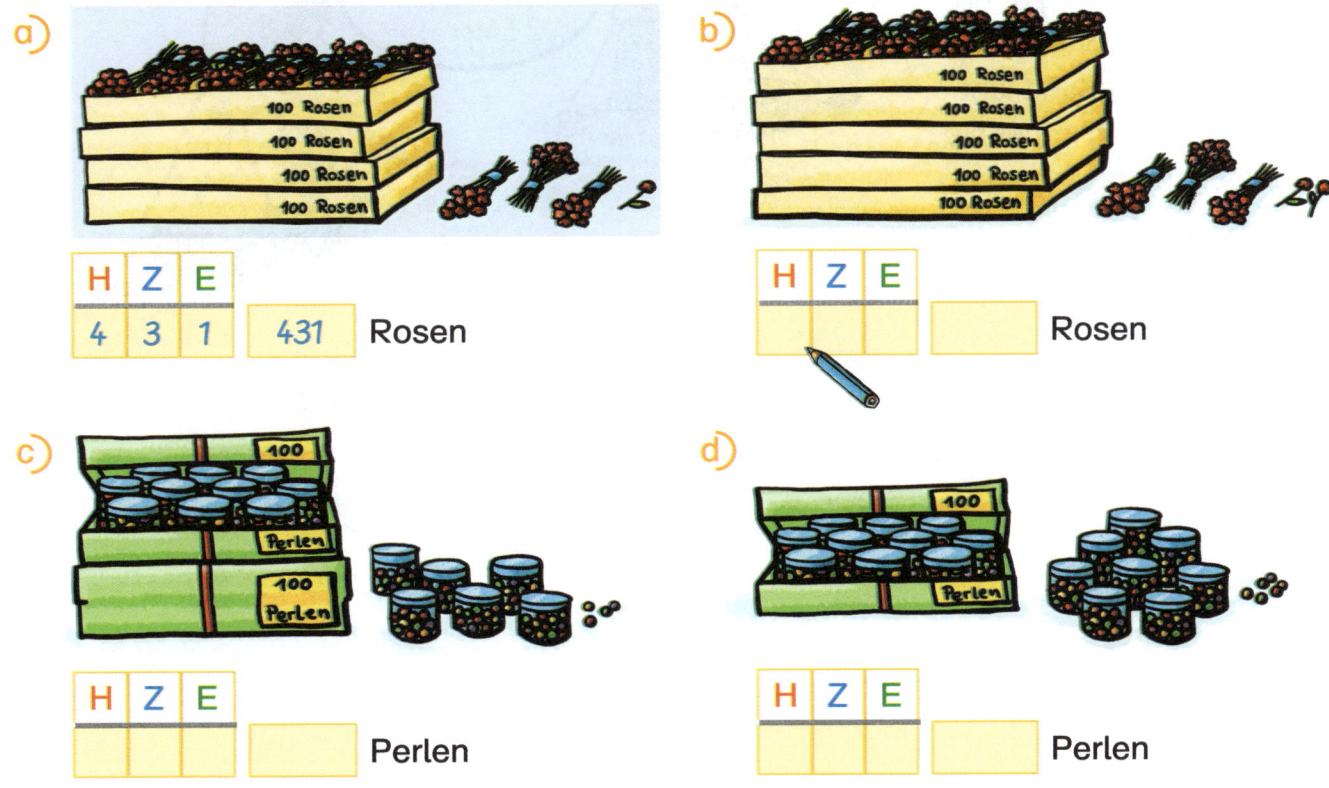

H	Z	E
4	3	1

431 Rosen

b)

H	Z	E

Rosen

c)

H	Z	E

Perlen

d)

H	Z	E

Perlen

2 Bestimme für jedes Bild die Anzahl der Hunderter, Zehner und Einer.
Schreibe in eine Stellentafel.

a)

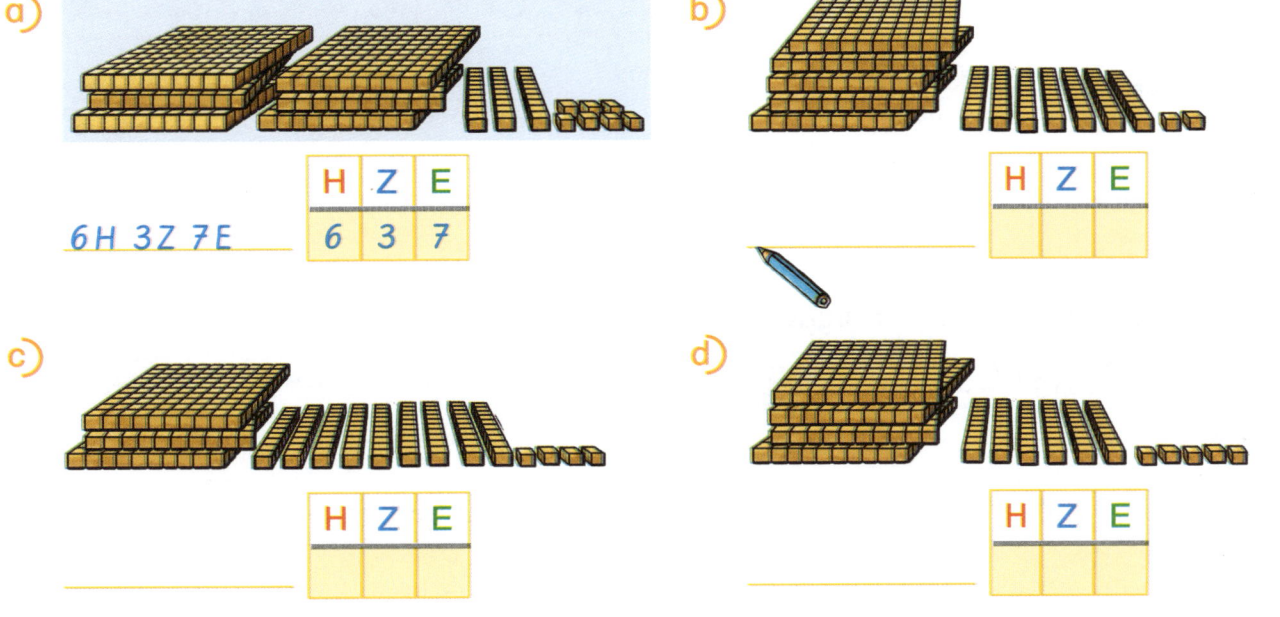

6H 3Z 7E

H	Z	E
6	3	7

b)

H	Z	E

c)

H	Z	E

d)

H	Z	E

* nutzen planvoll und systematisch die Struktur des Zehnersystems und
begründen Beziehungen zwischen verschiedenen Zahldarstellungen
* übertragen eine Darstellung in eine andere

Zahlen zusammensetzen

1 Suche dir ein anderes Kind. Gib ihm die Anzahl der Hunderter, Zehner und Einer vor.
Dein Partnerkind legt die Zahl und nennt sie. Wechselt auch die Rollen.

> dreihundertzwölf

> 3 Hunderter
> 1 Zehner
> 2 Einer

2 Schreibe zu jedem Bild die Anzahl der Hunderter, Zehner und Einer.
Schreibe die Plusaufgabe dazu.

a)

⬜⬜||||| ....

| 2 | H | 5 | Z | 4 | E |

200 + 50 + 4 = 254

b) ⬜⬜⬜||||| ....

☐ H ☐ Z ☐ E

c) ⬜||||| || ..

☐ H ☐ Z ☐ E

d) ⬜⬜⬜⬜⬜|||

☐ H ☐ Z ☐ E

e) ⬜⬜⬜⬜⬜ ...

☐ H ☐ Z ☐ E

f) ⬜⬜||||||| |

☐ H ☐ Z ☐ E

3 Bestimme die Zahlen.

a) 4H 7Z 3E

400 + 70 + 3 = 473

b) 3H 8Z

c) 9H 2E

d) 7H 2Z 4E

e) 5H 3Z

f) 4H 1E

4 Stelle die Zahlen als Plusaufgabe dar.

a) 821 = 800 + 20 + 1

b) 903 =

c) 658 =

d) 507 =

e) 123 =

f) 470 =

g) Suche dir 3 Zahlen und schreibe sie jeweils als Plusaufgabe.

 =

 =

 =

* übertragen eine Darstellung in eine andere
* zerlegen Zahlen im Zahlenraum bis 1 000

→ Ü Seite 1

Verschiedene Zahldarstellungen nutzen

1 Schreibe zu jedem Bild passend auf.

a)

H	Z	E
3	5	4

3H 5Z 4E

300 + 50 + 4   =   354

b)

H	Z	E

c)

H	Z	E

d)

H	Z	E

2 Zeichne die passenden Bilder.

a)

H	Z	E
2	4	9

b) 6H 1Z 4E

c) 400 + 60 + 8

d) 705

e) 5H 7Z

f)

H	Z	E
3	0	6

3 Immer zwei Kärtchen gehören zusammen. Verbinde.

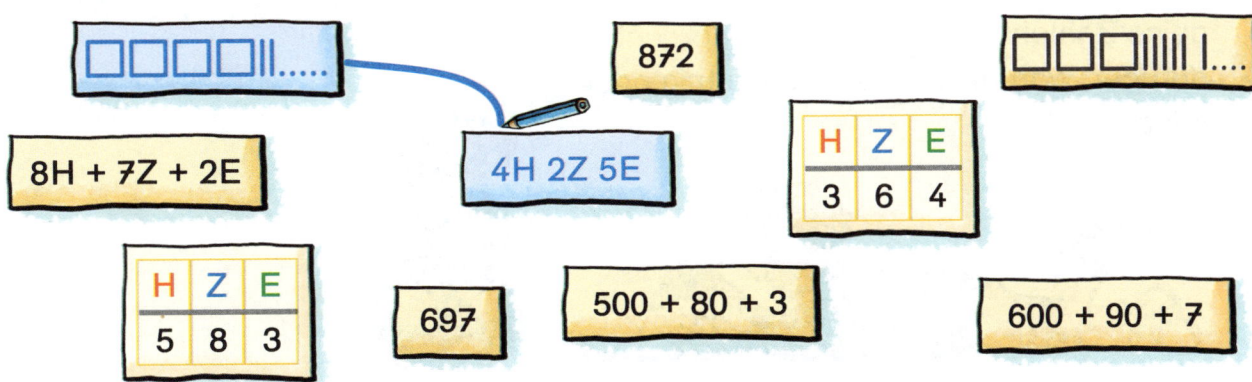

872

H	Z	E
3	6	4

8H + 7Z + 2E

4H 2Z 5E

H	Z	E
5	8	3

697

500 + 80 + 3

600 + 90 + 7

★ übertragen eine Darstellung in eine andere
★ zerlegen Zahlen im Zahlenraum bis 1000

1 Schreibe auf, welche Zahlen dargestellt sind.

□ = H, ▯ = Z, ○ = E

a)  557

b) □□□□□□□ ▯▯▯○○○○ ○

c) ▯▯▯▯▯○○

⌂ = H, 🌳 = Z, ✿ = E

d) ⌂⌂⌂⌂🌳🌳🌳🌳🌳✿✿✿

e) ✿✿✿✿✿✿⌂⌂⌂🌳🌳

f) 🌳⌂🌳✿⌂✿⌂🌳

≋ = H, 🐟 = Z, 🐚 = E

g)

2 Überlege dir selbst Zeichen für Hunderter, Zehner und Einer und zeichne Zahlenbilder als Geheimschrift. Bitte ein anderes Kind, deine Zahlen zu entschlüsseln. Sprecht darüber, warum die Lösungen richtig oder falsch sind.

Seite 16 Aufgabe 2

H = ...

Z = ...

E = ...

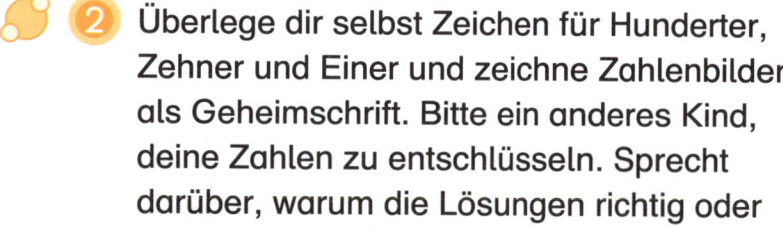

✶ stellen Zahlen durch unterschiedliche Stellenwertsymbole als Bild dar
✶ finden zu gegebenen mathematischen Modellen eigene Darstellungsformen

Punktebilder verwenden

| 100 | 200 | 300 | 400 | 500 | 600 | 700 | 800 | 900 | 1000 |

Das sind tausend Punkte.

1 Schreibe zu jedem Punktebild die passende Zahl auf.

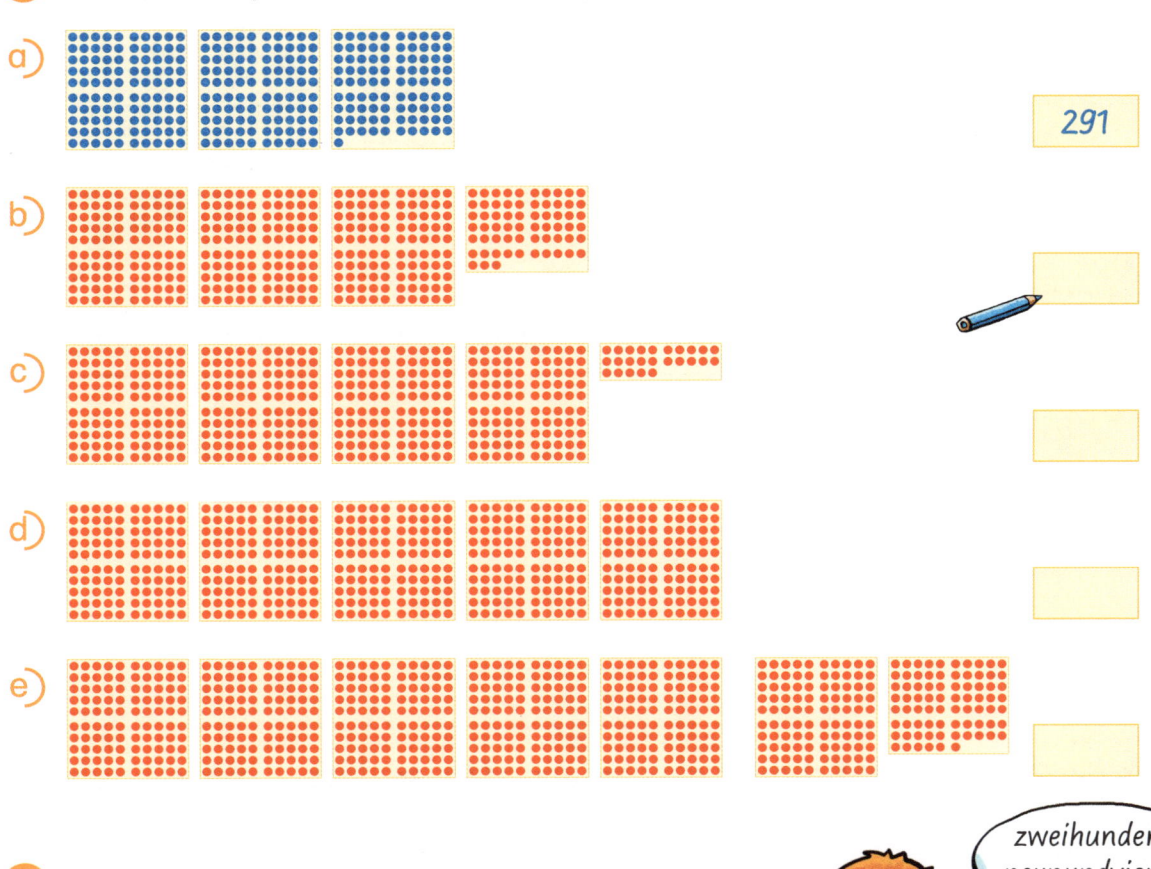

a) `291`

b)

c)

d)

e)

2 Lege selbst Punktebilder.
Lass dir von einem anderen
Kind die passenden
Zahlen nennen.
Wechselt die Rollen.

zweihundert-neunundvierzig

→ Ü Seite 2

★ nutzen planvoll und systematisch die Struktur des Zehnersystems
★ erkennen und nutzen Strukturen bei der Anzahlerfassung

1 Suche dir ein anderes Kind. Legt die Geldbeträge mit 100-€-Scheinen, 10-€-Scheinen und 1-€-Münzen.

257 €	614 €
461 €	634 €
504 €	450 €

257 Euro

2 Trage die Anzahlen der einzelnen Scheine und Münzen ein. Schreibe den Geldbetrag dazu.

a)

100	10	1
4	2	6

426 €

b)

100	10	1

c)

100	10	1

3 Bestimme die Geldbeträge. Schreibe die passenden Plusaufgaben auf.

a)

100	10	1
7	3	5

700 € + 30 € + 5 € = 735 €

b)

100	10	1
5	7	2

c)

100	10	1
4	6	8

d)

100	10	1
2	0	9

★ nutzen planvoll und systematisch die Struktur des Zehnersystems bei der Darstellung von Geldbeträgen
★ übertragen Geldbeträge in Stellenschreibweise und additive Zerlegungen

Zahlen in der Stellentafel darstellen

Ich habe die Zahl 462 mit Plättchen in der Stellentafel gelegt.

1 Schreibe die dargestellten Zahlen auf.

a)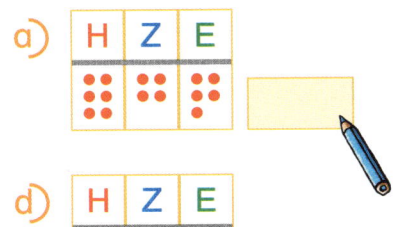

b)

c)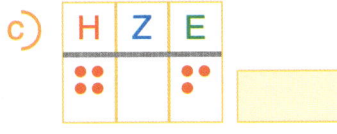

d)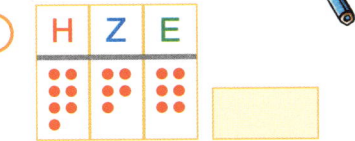

e)

f)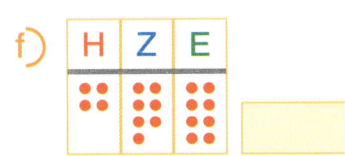

2 Zeichne die Zahlen in eine Stellentafel.

a) 341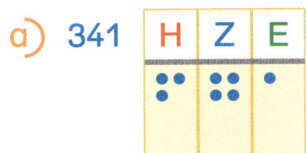

b) 517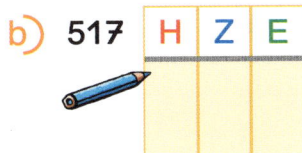

c) 402

d) 221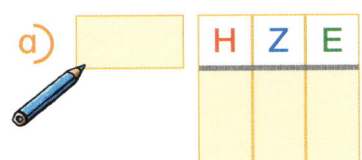

e) 153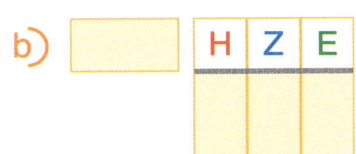

f) 790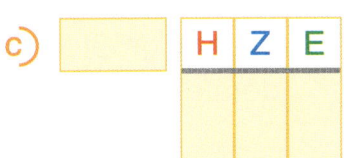

3 Überlege dir selbst 3 Zahlen und trage sie in die Stellentafel ein.

a)

b)

c)

  800 300 600   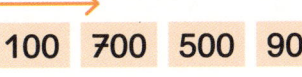 100 700 500 900    500 700 400 800 200

1 Schreibe auf, welche Zahlen aus der abgebildeten Zahl jeweils entstehen.

a) Nimm in der Hunderterspalte ein Plättchen weg.

Es entsteht die Zahl ⬚ .

b) Lege in der Zehnerspalte zwei Plättchen dazu.

Es entsteht die Zahl ⬚ .

c) Verschiebe ein Plättchen aus der Einerspalte in die Hunderterspalte.

Es entsteht die Zahl ⬚ .

2 Schreibe auf, welche Zahlen jeweils entstehen können.

Maja: _____

Max: _____

Lena: _____

_____ _____ _____

_____ _____

3 Schreibe auf, welche Zahlen du in der Stellentafel darstellen kannst.
Du kannst auch zuerst mit Plättchen in eine Stellentafel legen.

a) alle 6 Zahlen, die du mit 2 Plättchen darstellen kannst

 ⬚ , ⬚ , ⬚ , ⬚ , ⬚ , ⬚

b) die drei größten Zahlen, die du mit 3 Plättchen darstellen kannst

⬚ , ⬚ , ⬚

c) die kleinste Zahl, die du mit 4 Plättchen darstellen kannst, in jeder Spalte muss mindestens ein Plättchen liegen

⬚

★ nutzen planvoll und systematisch die Struktur des Zehnersystems
★ erkennen die Wirkung von Veränderungen innerhalb der Stellentafel und einzelner Stellenwerte
★ erkennen mathematische Zusammenhänge und entwickeln unterschiedliche Lösungsmöglichkeiten

Zahlen lesen und schreiben

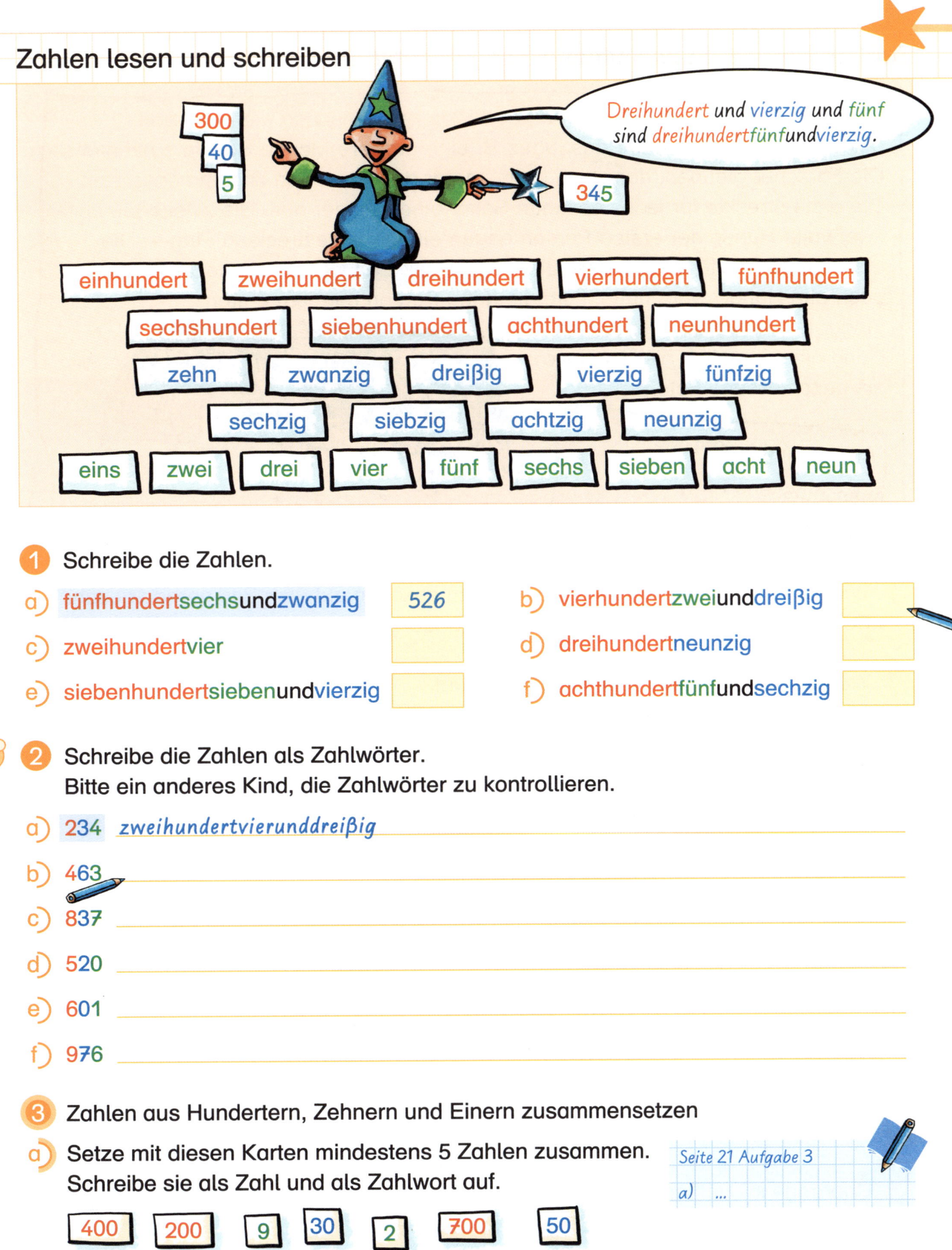

300
40
5

Dreihundert und vierzig und fünf
sind dreihundertfünfundvierzig.

345

einhundert	zweihundert	dreihundert	vierhundert	fünfhundert
sechshundert	siebenhundert	achthundert	neunhundert
zehn	zwanzig	dreißig	vierzig	fünfzig
sechzig	siebzig	achtzig	neunzig
eins	zwei	drei	vier	fünf	sechs	sieben	acht	neun

1 Schreibe die Zahlen.

a) fünfhundertsechsundzwanzig **526**

b) vierhundertzweiunddreißig

c) zweihundertvier

d) dreihundertneunzig

e) siebenhundertsiebenundvierzig

f) achthundertfünfundsechzig

2 Schreibe die Zahlen als Zahlwörter.
Bitte ein anderes Kind, die Zahlwörter zu kontrollieren.

a) 234 *zweihundertvierunddreißig*

b) 463

c) 837

d) 520

e) 601

f) 976

3 Zahlen aus Hundertern, Zehnern und Einern zusammensetzen

a) Setze mit diesen Karten mindestens 5 Zahlen zusammen.
Schreibe sie als Zahl und als Zahlwort auf.

Seite 21 Aufgabe 3
a) ...

| 400 | 200 | 9 | 30 | 2 | 700 | 50 |

b) Überlege, wie viele Zahlen du insgesamt bilden kannst.
Vergleiche deine Lösungen und dein Vorgehen mit denen eines anderen Kindes.

★ übertragen den Wert der einzelnen Stellen in Sprache und entsprechende Zahlwörter
★ bilden selbst aus Einern, Zehnern und Hundertern unterschiedliche Zahlen
★ finden verschiedene Ergebnisse und vergleichen ihre Vorgehensweise

→ Ü Seite 3

Zahlzeichen der Steinzeitmenschen kennenlernen

Vor vielen tausend Jahren reichten den Steinzeitmenschen die Finger an beiden Händen nicht mehr aus, um z.B. eine größere Menge Schafe zu zählen. Die Forscher glauben, dass sich dann immer drei Personen zusammensetzten. Die erste streckte für jedes gezählte Schaf einen Finger aus. Die zweite tauschte zwei volle Hände der ersten Person gegen einen ausgestreckten Finger. Die erste Person hatte dann wieder alle Finger frei. Erst wenn die zweite Person auch alle Hände „voll" hatte, kam die dritte Person mit dem ersten Finger an die Reihe. Wurde eine Hand nicht benötigt, hielt man sie als geschlossene Faust.

So sahen die Zahlzeichen aus:

geschlossene Faust: ⸯ

Anzahl der Finger (z. B. 4): ⴼ

 1 Wie viele Schafe haben die drei Steinzeitmenschen auf dem Bild gerade gezählt? Besprich deine Überlegungen mit einem anderen Kind.

2 Was würden wir heute sagen? Schreibe auf.

a) Die erste Person zählt _____ .

b) Die zweite Person zählt _____ .

c) Die dritte Person zählt _____ .

3 Übertrage die Zahlzeichen in unsere Zahlen.

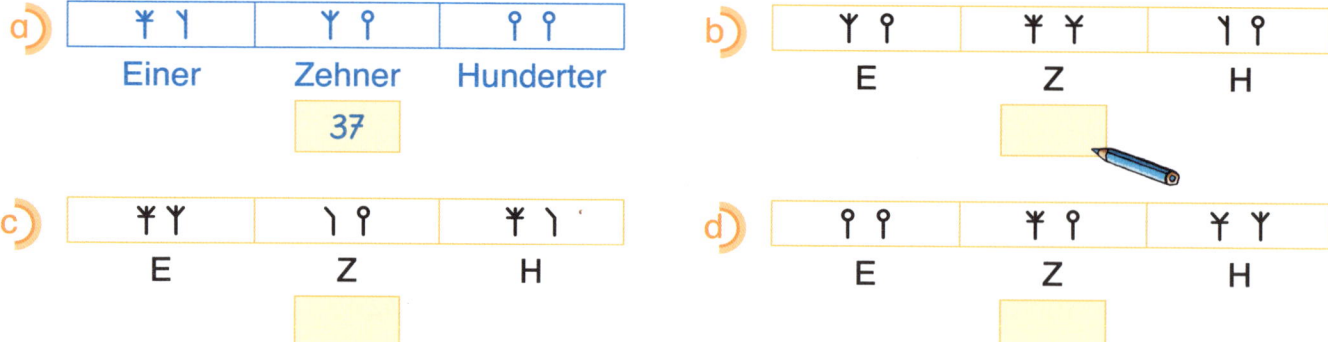

a)

Einer	Zehner	Hunderter
	37	

b)

E	Z	H

c)

E	Z	H

d)

E	Z	H

4 Übertrage in „Höhlenschrift".

366

703

a)

E	Z	H

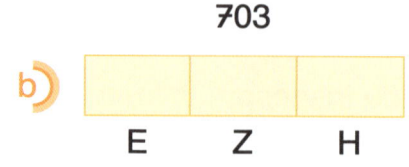

b)

E	Z	H

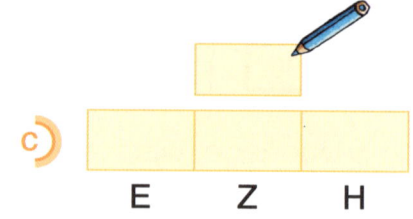

c)

E	Z	H

* erkennen in Zahldarstellungen aus der Steinzeit die Zusammenhänge zu unserem heutigen Zehnersystem
* erklären Gesetzmäßigkeiten des Zehnersystems bei der Vorgehensweise der Steinzeitmenschen
* begründen Beziehungen zwischen verschiedenen Zahldarstellungen

Altägyptische Zahlen lesen und schreiben

Die alten Ägypter gehörten zu den Ersten, die Zahlen und Rechnungen aufschrieben. Um 3000 vor Christus benutzten sie diese Zahlzeichen:

 Eine Einkerbung in einem Kerbholz war die Zahl 1: |

 Das Joch der Ochsengespanne wurde für die Zahl 10 genommen: ∩

 Das Maßband der Landvermesser erhielt den Zahlenwert 100: ℓ

 Die Lotusblume wurde zum Zeichen für die Zahl 1 000:

1 Schreibe die altägyptischen Zahlen mit unseren Ziffern.

a) ℓℓℓ `300`   b) ∩∩∩∩∩ [ ]

c) ||||||||| [ ]   d) ∩| [ ]

e) ℓ∩∩∩ [ ]   f) ℓℓℓℓℓ∩∩||||| [ ]

g) ℓℓ|| [ ]   h) ℓℓℓℓℓℓℓℓℓ∩∩∩∩∩∩∩∩∩∩∩||||||||| [ ]

2 Überlege dir selbst Zahlen, die du mit altägyptischen Zahlzeichen schreiben möchtest.

 [ ] _____ [ ] _____ [ ] _____

3 Die Zahlzeichen der alten Ägypter waren vereinfachte Bilder von Dingen, die in ihrem Leben eine wichtige Rolle spielten.

a) Welche Dinge spielen in deinem täglichen Leben heute eine wichtige Rolle?

b) Wie könnten unsere Zahlzeichen heute aussehen, wenn wir wie die alten Ägypter Bilder als Zahlen benutzen würden?

c) Schreibe dein Geburtsdatum mit deinen Zahlzeichen.

d) Besprich deine Ergebnisse mit einem anderen Kind.

Seite 23 Aufgabe 3
b) Zeichen für die   1 : ...
    Zeichen für die   1 0 : ...
    ⋮
c) ...

★ erkennen in ägyptischen Zahldarstellungen die Zusammenhänge zu unserem Zehnersystem
★ übertragen Zahldarstellungen in unterschiedliche, auch selbst erfundene passende Symbole

Die Tausendertafel kennenlernen

1	2	3	4	5	6	7	8	9	10														204					209	
11	12	13	14	15	16	17	18	19	20	111	112	113	114	115	116	117	118	119	120	211									
21	22	23	24	25	26	27	28	29	30													223		225					
31	32	33	34	35	36	37	38	39	40																			239	
41	42	43	44	45	46	47	48	49	50																	247			
51	52	53	54	55	56	57	58	59	60	151	152	153	154	155	156	157	158	159	160		252				256				
61	62	63	64	65	66	67	68	69	70											261							268		
71	72	73	74	75	76	77	78	79	80	171	172	173	174	175	176	177	178	179	180				274						
81	82	83	84	85	86	87	88	89	90													283				287			
91	92	93	94	95	96	97	98	99	100												292						298		

501	502	503	504	505	506	507	508	509	510			603		605		607				701				705					
511	512	513	514	515	516	517	518	519	520			613		615		617							714						
521	522	523	524	525	526	527	528	529	530			623		625		627												729	
531	532	533	534	535	536	537	538	539	540			633		635		637					732								
541	542	543	544	545	546	547	548	549	550			643		645		647										747			
551	552	553	554	555	556	557	558	559	560			653		655		657				751				755					
561	562	563	564	565	566	567	568	569	570			663		665		667												769	
571	572	573	574	575	576	577	578	579	580			673		675		677									776				
581	582	583	584	585	586	587	588	589	590			683		685		687						783							
591	592	593	594	595	596	597	598	599	600			693		695		697				791							798		

 1 Schau dir an, wie die einzelnen Zahlen in der Tausendertafel angeordnet sind.

Betrachte – die einzelnen Zeilen,
          – die einzelnen Spalten,
          – die einzelnen Hundertertafeln.

Sprich mit einem anderen Kind darüber, was dir auffällt.

2 Suche die Zahlen und schreibe sie in dein Heft.

a) alle Hunderterzahlen

b) alle Zahlen, die in der Zeile rechts neben 111 stehen

c) alle Zahlen, die in der Zeile rechts neben 211 stehen

d) alle Zahlen, die in der Zeile links neben 247 stehen

e) alle Zahlen, die in der Spalte unter 605 stehen

f) alle Zahlen, die in der Spalte unter 705 stehen

g) alle Zahlen, die in der Spalte über 798 stehen

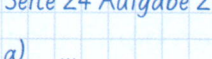

Seite 24 Aufgabe 2
a) ...

* übertragen ihre bisherigen Kenntnisse auf den Aufbau und die Struktur der Tausendertafel
* orientieren sich im Zahlenraum bis 1 000
* finden zur Darstellung der Tausendertafel (mathematisches Modell) eigene Fragestellungen und Aufgaben

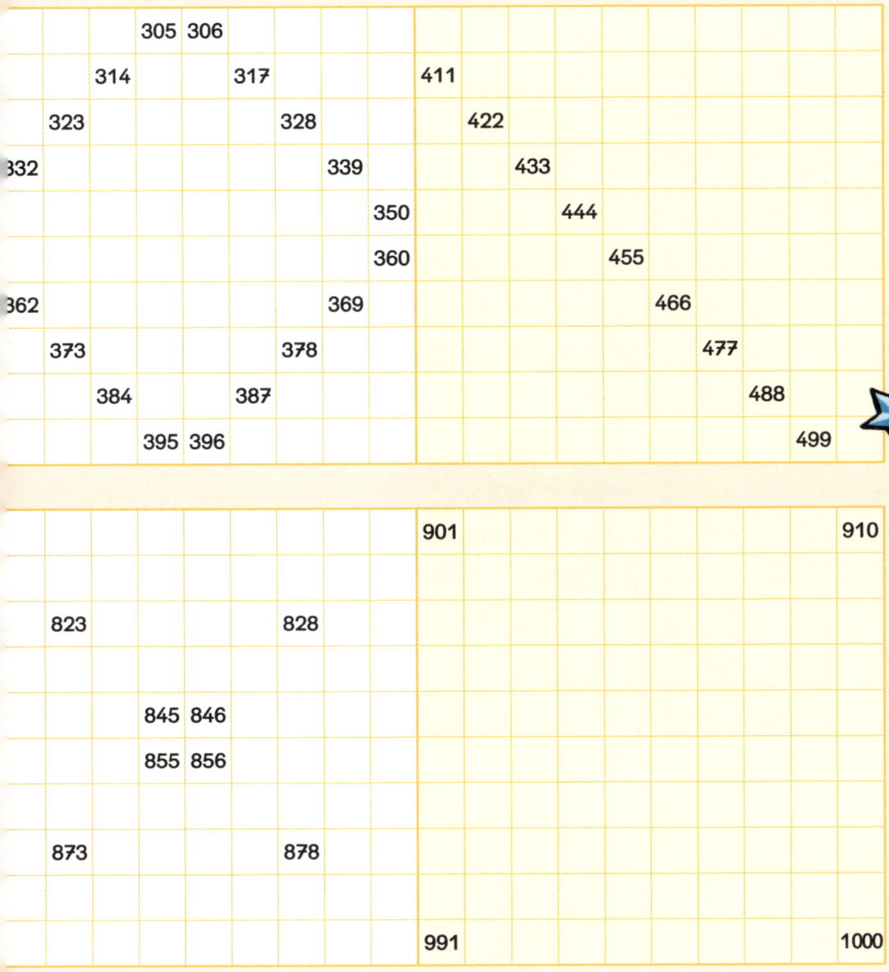

				305	306				
			314			317			
		323					328		
332								339	
									350
									360
362								369	
		373					378		
			384			387			
				395	396				

411									
	422								
		433							
			444						
				455					
					466				
						477			
							488		
								499	

823							828		
				845	846				
				855	856				
873							878		

901									910
991									1000

Zehn Hundertertafeln sind eine Tausendertafel.

3 Suche die Zahlen und schreibe sie auf.

a) Genau unter 314 steht **324**.

b) Genau über 828 steht [ ].

c) Rechts von 466 steht [ ].

d) 6 Kästchen rechts von 362 steht [ ].

e) 4 Kästchen unter 317 steht [ ].

f) 10 Kästchen rechts von 873 steht [ ].

g) Links von 910 steht [ ].

h) 3 Kästchen links von 1 000 steht [ ].

i) 5 Kästchen über 488 steht [ ].

k) 10 Kästchen links von 455 steht [ ].

4 Stelle einem anderen Kind Fragen zur Tausendertafel. Wechselt die Rollen.

Welche Zahl ist 2 Kästchen rechts von 287?

289

25

Zahlen in die Tausendertafel eintragen und erkennen

1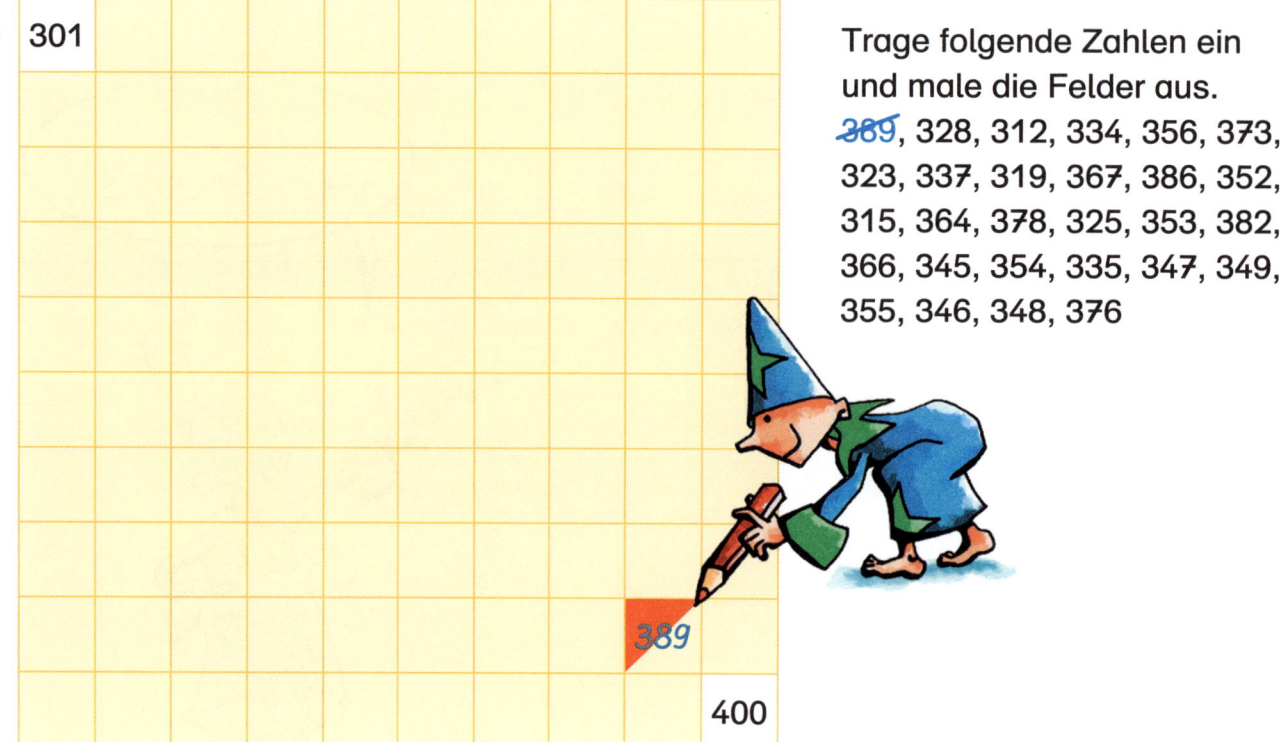

301

389

400

Trage folgende Zahlen ein und male die Felder aus.
389, 328, 312, 334, 356, 373, 323, 337, 319, 367, 386, 352, 315, 364, 378, 325, 353, 382, 366, 345, 354, 335, 347, 349, 355, 346, 348, 376

2

801

900

Schreibe die Zahlen auf, die in den grün gefärbten Feldern stehen.

805,

3 Gestalte selbst eine Rätsel-Bild-Aufgabe für andere Kinder.

* übertragen ihre bisherigen Kenntnisse auf den Aufbau und die Struktur der Tausendertafel
* orientieren sich im Zahlenraum bis 1 000

Tausendertafel ergänzen und Paare finden

1 Arbeite mit der Tausendertafel.

a) Trage in beiden Hundertertafeln die fehlenden Zahlen ein.

b) Kreise die Zahlen ein, die in beiden Tafeln an der gleichen Stelle fehlen.

c) Schreibe mindestens 10 solcher Zahlenpaare auf. Es gibt 25 solcher Paare.

101	102	103	104	105	106	107		109	110
111		113	114	115		117	(118)	119	
121	122			125	126		128		130
		133	134			137			140
141			145	146			149		
151	152	153	154					159	160
161			164			167			170
		173			176			179	
181		183		185		187		189	
	192		194		196		198		200

501	502	503	504	505			508	509	510
511	512				515	516	517	(518)		520
		523	524				528	529	
531	532	533			536			539	540
541			544					549	
	552				556	557			560
		563		565			568		
571	572			575			578		
		583			586			589	
591			594				598		600

118, 518 _____

2 Trage die fehlenden Zahlen ein.

a)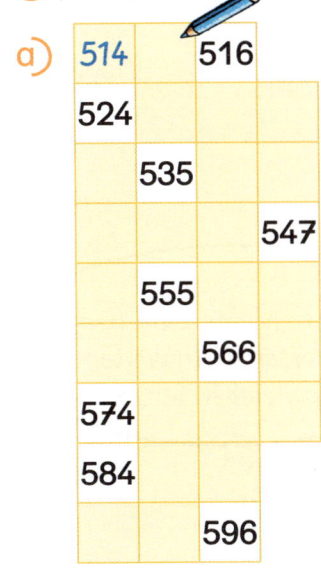

b)

c)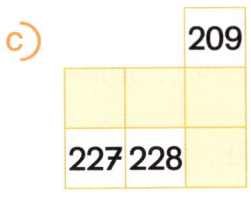

d)

e)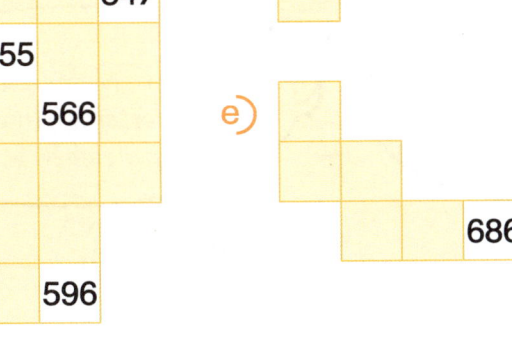

f)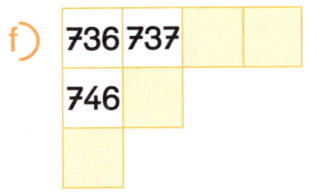

g)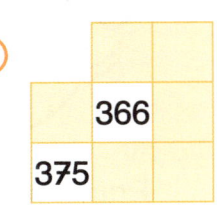

| 500 | 800 | 100 | | 700 | 900 | 300 | 400 | | 600 | 200 | 800 | 300 | 400 |

Knobelaufgaben und Zahlenrätsel zur Tausendertafel lösen

501	502	503	504	505	506	507	508	509	510
511	512	513	514	515	516	517	518	519	520
521	522	523	524	525	526	527	528	529	530
531	532	533	534	535	536	537	538	539	540
541	542	543	544	545	546	547	548	549	550
551	552	553	554	555	556	557	558	559	560
561	562	563	564	565	566	567	568	569	570
571	572	573	574	575	576	577	578	579	580
581	582	583	584	585	586	587	588	589	590
591	592	593	594	595	596	597	598	599	600

eine Hundertertafel –
ein Ausschnitt aus der
Tausendertafel

1 Suche die Zahlen in der Hundertertafel und schreibe sie auf.

a) alle Zahlen, die 3 Einer haben   503, 513, _____

b) alle Zahlen, die 5 Zehner haben   _____

c) alle Zahlen, bei denen Zehner
und Einer gleich sind   _____

2 Bestimme die Anzahlen und schreibe sie auf.
Du kannst auch auf die Seiten 24 und 25 schauen.

a) Bestimme, wie viele Zahlen mit 6 Einern
in der Hundertertafel vorkommen.   Es sind ☐ Zahlen.

b) Bestimme, wie viele Zahlen mit 6 Einern
in der Tausendertafel vorkommen.   Es sind ☐ Zahlen.

c) Bestimme, wie viele Zahlen mit 8 Zehnern
in der Tausendertafel vorkommen.   Es sind ☐ Zahlen.

3 Löse die Zahlenrätsel.

Meine Zahl
hat 9 Hunderter,
8 Zehner und
3 Einer.

Bei meinen
Zahlen sind Hunderter,
Zehner und Einer
jeweils gleich.

Ich starte
bei 156. Meine Zahl liegt
5 Hundertertafeln weiter an
der gleichen Stelle.

Patricks Zahl: _____   Lenas Zahlen: _____   Janeks Zahl: _____

4 Schreibe selbst Zahlenrätsel. Stelle deine Rätsel
einem anderen Kind oder in der Klasse vor.
Vergleicht eure Rätsel. Kann jedes Rätsel gelöst werden?

Seite 28 Aufgabe 4
...

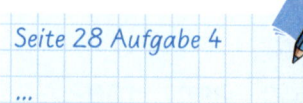

★ orientieren sich im Zahlenraum bis 1 000
★ lösen Zahlenrätsel
★ finden Aufgaben und Fragestellungen durch Variieren vorgegebener Beispiele

Zahlen am Zahlenstrahl ablesen

1 Trage die Zahlen ein.

a)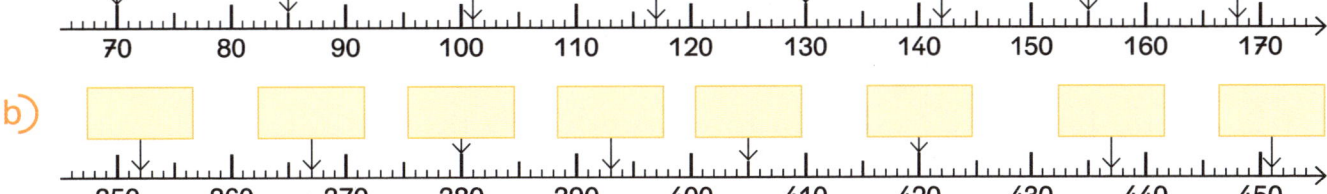

70 | 80 | 90 | 100 | 110 | 120 | 130 | 140 | 150 | 160 | 170

b)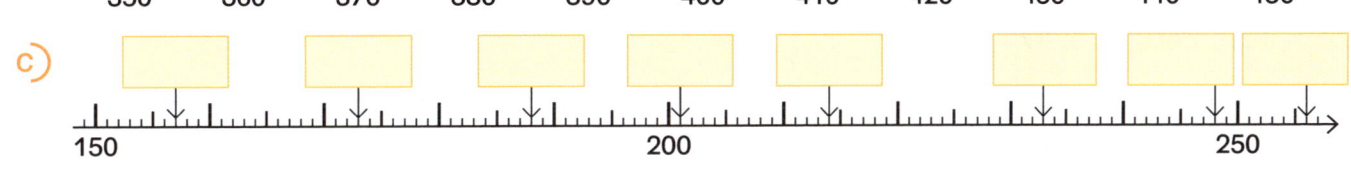

350 | 360 | 370 | 380 | 390 | 400 | 410 | 420 | 430 | 440 | 450

c)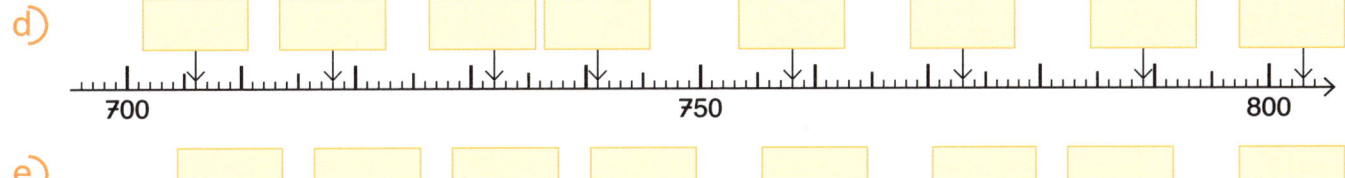

150 | 200 | 250

d)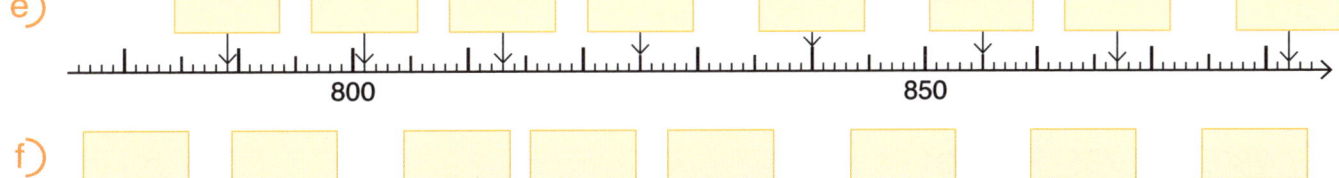

700 | 750 | 800

e)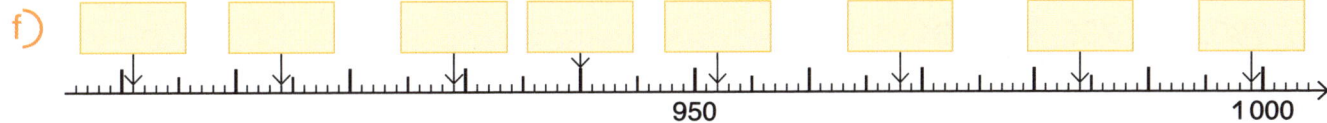

800 | 850

f)

950 | 1 000

2 Trage ein, welche Zahl dargestellt sein könnte.

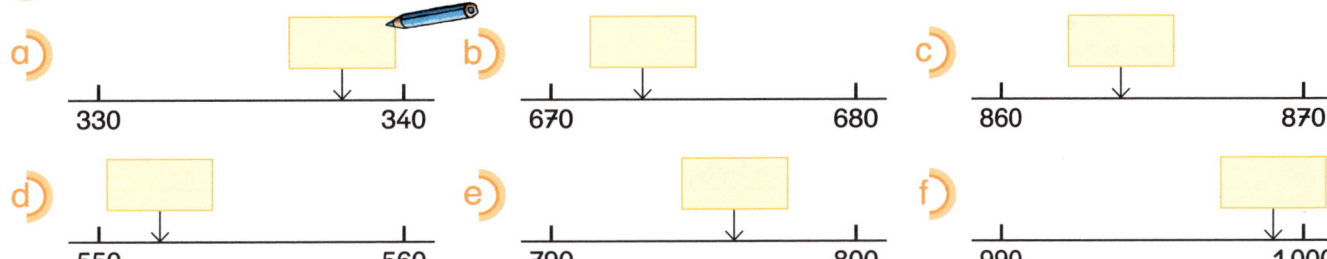

a) 330 — 340
b) 670 — 680
c) 860 — 870
d) 550 — 560
e) 790 — 800
f) 990 — 1 000

3 Bestimme die Zahl, die genau in der Mitte zwischen den beiden Zahlen liegt.

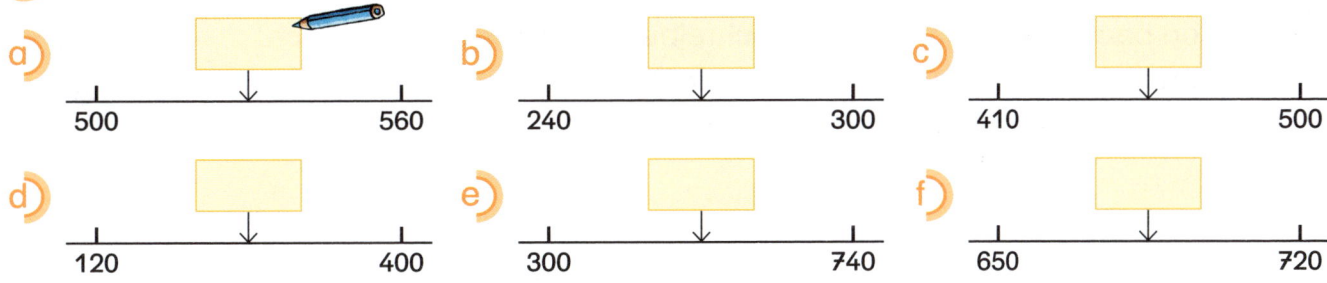

a) 500 — 560
b) 240 — 300
c) 410 — 500
d) 120 — 400
e) 300 — 740
f) 650 — 720

4 Suche dir ein anderes Kind.
Vergleicht eure Vorgehensweisen bei den Aufgaben **2** und **3**.

★ übertragen bekannte Strukturen und Anordnungen
des Zahlenstrahls auf den Zahlraum bis 1000
★ orientieren sich im Zahlraum bis 1000

29

1 Markiere in den Ausschnitten aus dem Zahlenstrahl bis 1 000
die folgenden Zahlen mit einem Pfeil.

a) ~~120~~, 190, 137, 163, 194

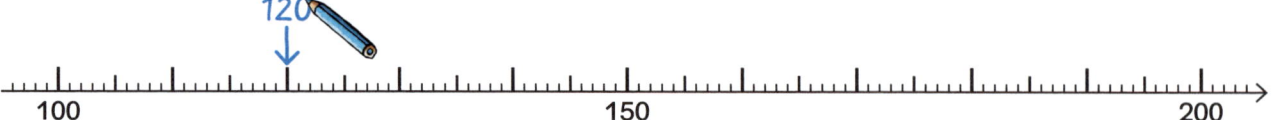

b) 180, 240, 223, 171, 208

c) 420, 433, 467, 449, 381

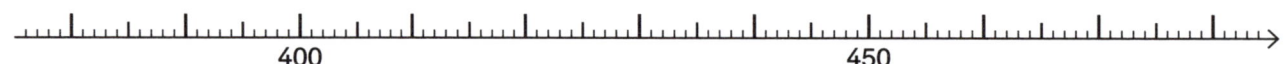

d) 780, 799, 735, 759, 831

e) 923, 877, 906, 841, 899

2 Du hast bisher verschiedene Möglichkeiten kennengelernt,
Zahlen bis 1 000 darzustellen. Beschreibe in deinem Lerntagebuch,
mit welcher Darstellung du dir Zahlen am besten vorstellen kannst.
Schreibe ein Beispiel auf und begründe deine Auswahl.

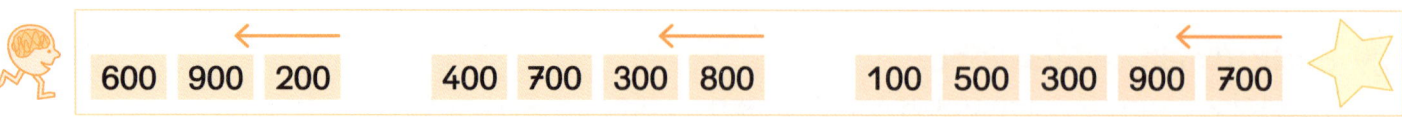

600 900 200   400 700 300 800   100 500 300 900 700

★ übertragen bekannte Strukturen und Anordnungen
  des Zahlenstrahls auf den Zahlraum bis 1 000
★ orientieren sich im Zahlraum bis 1 000

30

→ Ü Seite 5

1 Bestimme die Nachbarzehner
und trage sie ein.

340 und 350 sind die Nachbarzehner von 345.

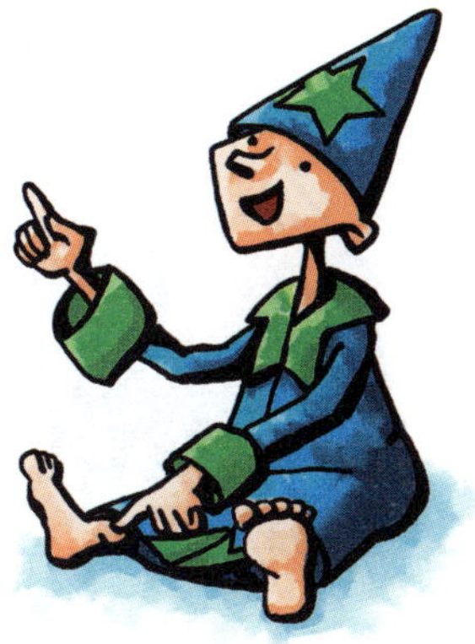

a) 345

| 340 | 350 |

b) 767

c) 348

d) 401

e) 996

f) 724

g) 86

h) 639

2 Bestimme die Nachbarhunderter
und trage sie ein.

300 und 400 sind die Nachbarhunderter von 345.

a) 345

| 300 | | 400 |

b) 667

c) 832

d) 587

e) 754

f) 479

1 Suche dir ein anderes Kind. Schreibe ihm Zahlen zwischen 100 und 1 000 auf. Dein Partner nennt dir zu jeder Zahl den Vorgänger und den Nachfolger und schreibt beide auf.

2 Trage jeweils Vorgänger und Nachfolger ein.

a)

436	437	

	700	

	888	

b)

	578	

	289	

	999	

c)

	399	

	607	

	969	

3 Bestimme die Zahl, die zwischen den beiden vorgegebenen Zahlen liegt.

a)

389	390	391

169		171

501		503

b)

401		403

698		700

218		220

c)

899		901

998		1 000

789		791

4 Trage die fehlenden Zahlen ein.

a)

288	289	

		692

		1 000

b)

		781

379		

		562

c)

		401

		871

699		

* orientieren sich im Zahlenraum bis 1000 unter Verwendung der Fachbegriffe Vorgänger und Nachfolger

Nachbarzehner und Nachbarhunderter bestimmen

1 Bestimme zu jeder Zahl die Nachbarzehner (NZ).

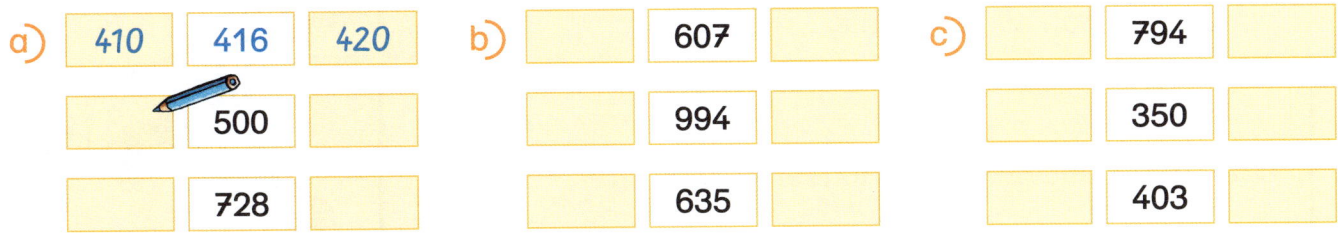

a)

410	416	420
	500	
	728	

b)

	607	
	994	
	635	

c)

	794	
	350	
	403	

2 Bestimme zu jeder Zahl die Nachbarhunderter (NH).

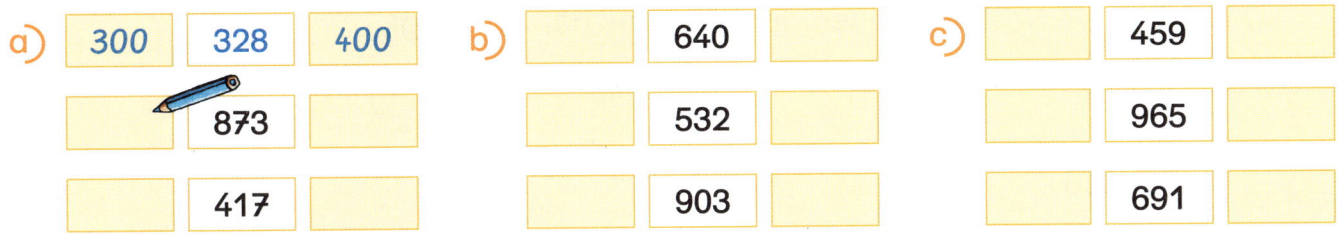

a)

300	328	400
	873	
	417	

b)

	640	
	532	
	903	

c)

	459	
	965	
	691	

3 Ergänze die Tabellen.

a)

NZ	Zahl	NZ
410	416	
	610	
	790	

b)

NH	Zahl	NH
300	368	
		600
900		

4 Schreibe Zahlen auf, die …

a) … 360 und 370 als Nachbarzehner haben.

_____

b) … 800 und 900 als Nachbarhunderter haben.

_____

5 Schreibe deine dreistellige Lieblingszahl auf: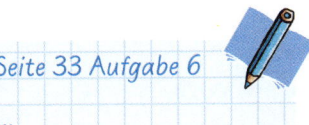

a) Bestimme die Nachbarzehner.

b) Bestimme die Nachbarhunderter.

6 Finde mindestens 6 Zahlen, bei denen ein Nachbarzehner und ein Nachbarhunderter gleich sind. Vergleiche deine Ergebnisse mit denen eines anderen Kindes und erkläre, wie du vorgegangen bist.

Seite 33 Aufgabe 6

...

→ Ü Seite 6

★ orientieren sich im Zahlenraum bis 1000 unter Verwendung
der Fachbegriffe Nachbarzehner und Nachbarhunderter
★ finden mehrere Lösungen und vergleichen sie mit denen anderer Kinder

Ungefähre Zahlangaben machen – Zahlen runden

Beim Schätzen, Überprüfen von Ergebnissen und beim Überschlagsrechnen (ein Ergebnis ungefähr bestimmen) verwendet man oft gerundete Zahlen:

z. B. die nächstgelegene Zehnerzahl   184 ⟶ 180
                                      186 ⟶ 190

oder die nächstgelegene Hunderterzahl   184 ⟶ 200
                                        136 ⟶ 100

Mit gerundeten Zahlen kann ich schneller rechnen.

1 Schreibe die beiden Nachbarzehner auf. Achte auf die Einer.
Umkreise den Nachbarzehner, der näher bei der Zahl liegt.

a) (280)   284   *290*   b) [ ]   388   [ ]   c) [ ]   599   [ ]

d) [ ]   856   [ ]   e) [ ]   233   [ ]   f) [ ]   477   [ ]

2 Schreibe die beiden Nachbarhunderter auf. Achte auf die Zehner.
Umkreise den Nachbarhunderter, der näher bei der Zahl liegt.

a) (100)   140   *200*   b) [ ]   670   [ ]   c) [ ]   780   [ ]

d) [ ]   637   [ ]   e) [ ]   728   [ ]   f) [ ]   849   [ ]

3
Bei 5 wird zur nächsthöheren Zehnerzahl gerundet.
Bei 50 wird zur nächsthöheren Hunderterzahl gerundet.

Hinten 5 oder 50, was nun?

Tim

a) Runde zum nächsten Zehner.   b) Runde zum nächsten Hunderter.

365 ⟶ 370   495 ⟶ [ ]   250 ⟶ 300   750 ⟶ [ ]

205 ⟶ [ ]   137 ⟶ [ ]   449 ⟶ [ ]   531 ⟶ [ ]

4 *Die Ausstellung war mit rund 450 Besuchern ein voller Erfolg.*

Wie viele Besucher waren es wohl genau? 445 oder 446? Oder sogar 454?

Wie viele Besucher könnten es genau gewesen sein?

a) rund   70   b) rund 340

c) rund 1 000   d) rund 700

Seite 34 Aufgabe 4

a)   rund 70: genau 65, 66, 67, ...   b)   ...

*   oder 74 Besucher*

★ orientieren sich im Zahlenraum bis 1 000
★ erkennen und wählen beim Runden geeignete Regeln
★ nutzen die Bedeutung von Nachbarzehner und Nachbarhunderter

Rätsel lösen und selbst schreiben

Lisa: Meine Zahl liegt zwischen 580 und 590 und hat als Einerziffer eine 5.

Paul: Meine Zahl liegt zwischen 300 und 400 und hat drei gleiche Ziffern.

Maja: Meine Zahl liegt genau zwischen 600 und 800.

Ole: Meine Zahl ist größer als 600 und kleiner als 620. Sie hat als Einerziffer eine 0.

Meral: Meine Zahl ist das Doppelte von 425.

Lena: Meine Zahl liegt zwischen 940 und 950. Die Zehner- und Einerziffern sind gleich.

Tim: Meine Zahl ist die Hälfte von 880.

Janek: Meine Zahl liegt genau zwischen 550 und 650.

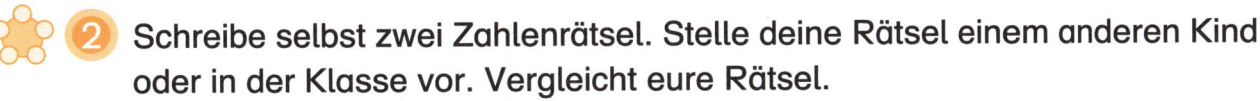

1 Löse die Zahlenrätsel.

Lisas Zahl: ☐   Pauls Zahl: ☐   Majas Zahl: ☐   Oles Zahl: ☐

Merals Zahl: ☐   Janeks Zahl: ☐   Lenas Zahl: ☐   Tims Zahl: ☐

2 Schreibe selbst zwei Zahlenrätsel. Stelle deine Rätsel einem anderen Kind oder in der Klasse vor. Vergleicht eure Rätsel.

★ verknüpfen beim Lösen der Zahlenrätsel zwei Informationen
★ finden zu gegebenem Modell eigene Zahlenrätsel und präsentieren diese unter Verwendung geeigneter Fachsprache

 35

Knobelaufgaben lösen

1 Schreibe alle Zahlen auf, die du mit diesen Ziffernkärtchen legen kannst. **3 5 7**

a) alle Zahlen zwischen 1 und 10

   3, 5, _____

b) alle Zahlen zwischen 10 und 100

_____

c) alle Zahlen zwischen 100 und 1000

_____

_____

2 Du hast folgende Ziffernkärtchen: Bilde daraus die gesuchten Zahlen und schreibe sie auf.

a) die kleinste und die größte dreistellige Zahl: ☐ , ☐

b) die Zahl, die am nächsten bei 500 liegt: ☐

> 213 ist eine dreistellige Zahl. Sie hat Hunderter, Zehner und Einer.

> 58 ist eine zweistellige Zahl. Sie hat nur Zehner und Einer.

c) die beiden zweistelligen Zahlen, die auf dem Zahlenstrahl am weitesten voneinander entfernt liegen: ☐ , ☐

d) die beiden zweistelligen Zahlen, die auf dem Zahlenstrahl am nächsten beieinanderliegen: ☐ , ☐

e) Besprich deine Ergebnisse mit einem anderen Kind.

3 Schreibe gemeinsam mit einem anderen Kind zwei Zahlen auf, die auf dem Zahlenstrahl gleich weit von 430 entfernt sind. Findet 9 solcher Paare.

428	430	432			430				430	
	430				430				430	
	430				430				430	

★ probieren und finden systematisch und zielorientiert verschiedene Lösungen und überprüfen sie auf Plausibilität

1 Verbinde die Zahlen der Größe nach.

von 356 bis 376   von 910 bis 1001

von 555 bis 625   von 127 bis   138

369

365   363

367

356   •362

.376

358   •360

370   •

359

372   373   •375

625

555••   •618

558•   •609

560•

607

562   599

583.   •591

581

577.   589

567• 573 580•

571• 579

564   569

910
•

915
•
•1001

920

999

934

948   •927

939

950

958   •994

971   •989

967   974   983

•987

129   130

131   •132

128•   •133

•134

127   135

138

737   136

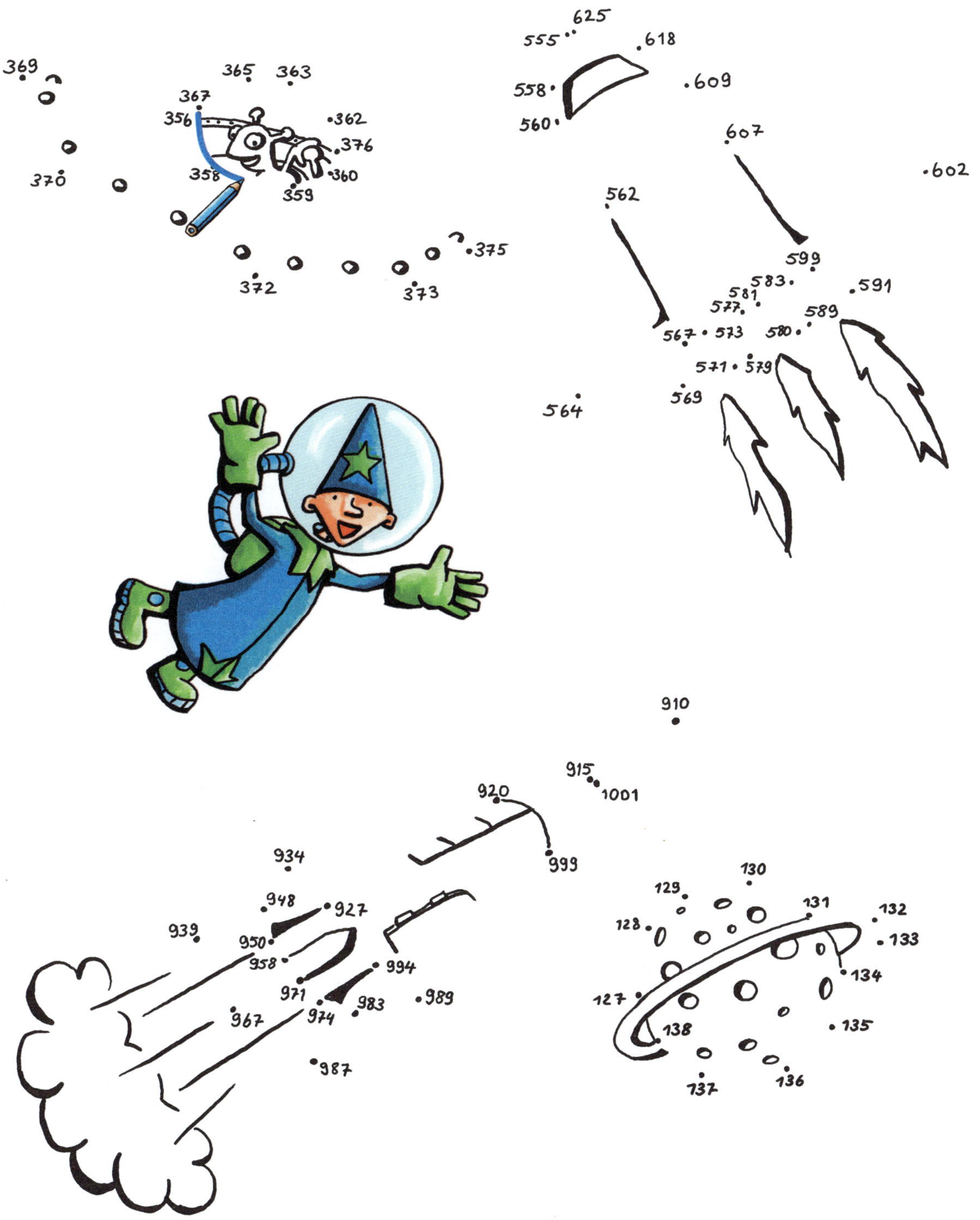

1 Wähle mit einem Partner eine Zahl zwischen 100 und 1 000 aus. Bestimmt, wie ihr zählen wollt: vorwärts oder rückwärts, in Einer-, Zehner- oder Hunderterschritten. Zählt abwechselnd. Wählt dann eine neue Startzahl.

2 Ergänze die Zahlenfolgen.

a) 418 | 420 | 422 | 424 | | | | | |

b) 874 | 869 | 864 | | | | | | |

c) 637 | 627 | 617 | | | | | | |

d) 990 | 890 | 790 | | | | | | |

3 Überlege, wie die Zahlenfolgen gebildet werden und setze sie fort.

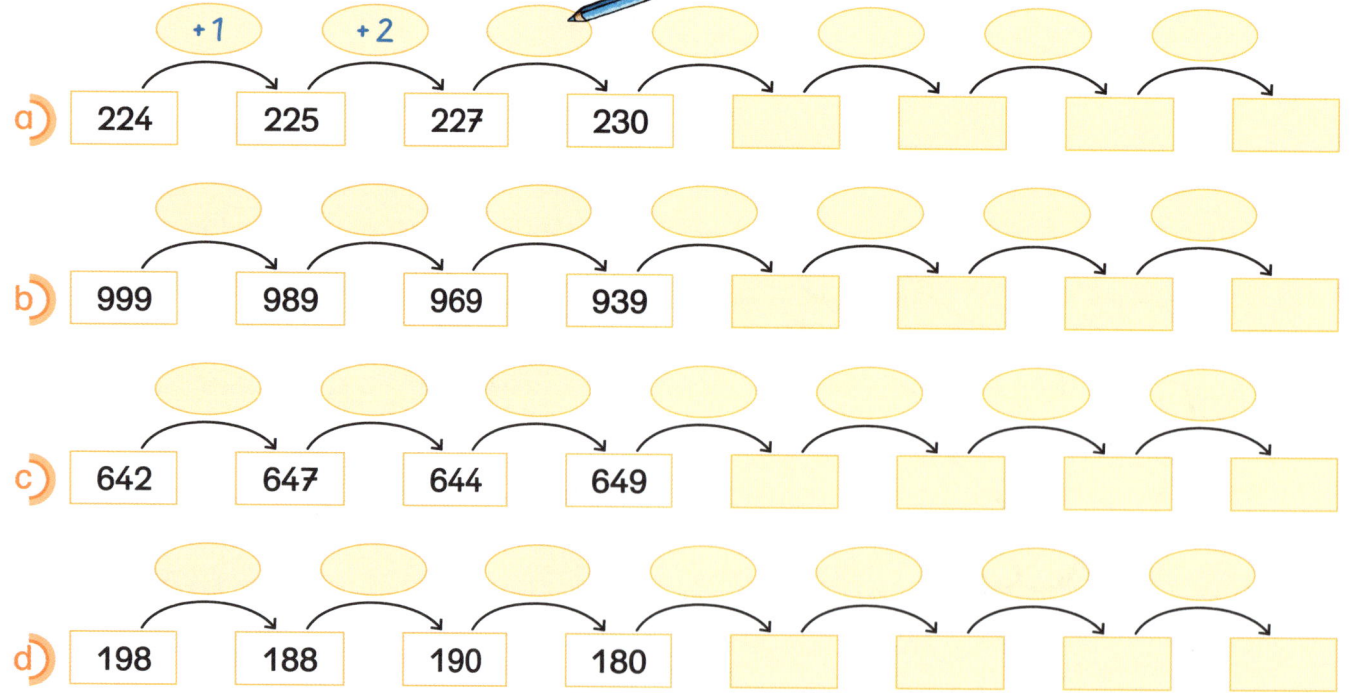

a) +1 +2
224 | 225 | 227 | 230 | | | | |

b) 999 | 989 | 969 | 939 | | | | |

c) 642 | 647 | 644 | 649 | | | | |

d) 198 | 188 | 190 | 180 | | | | |

★ orientieren sich im Zahlenraum bis 1 000 durch flexibles Zählen
★ entwickeln arithmetische Muster, setzen diese fort und verändern sie systematisch

Zahlenfolgen fortsetzen (2)

1 Finde die Fehler in den Zahlenfolgen und korrigiere sie.

a) | 733 | 730 | 727 | 724 | 721 | ~~717~~ | ~~714~~ | 711 | 708 | 705 |

(718 über ~~717~~ geschrieben)

b) | 473 | 483 | 493 | 513 | 523 | 533 | 543 | 553 | 563 | 573 |

c) | 222 | 224 | 220 | 222 | 218 | 216 | 214 | 216 | 212 | 214 |

d) | 844 | 834 | 839 | 829 | 834 | 824 | 819 | 809 | 814 | 804 |

2 Eigene Zahlenfolgen aufschreiben

a) Finde selbst zwei Zahlenfolgen.

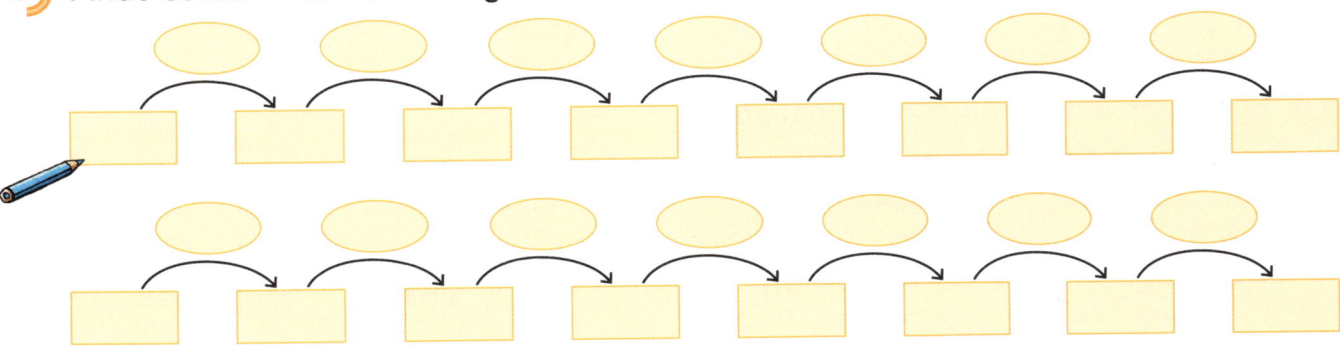

b) Schreibe den Anfang einer Zahlenfolge auf.
Bitte ein anderes Kind, deine Zahlenfolge fortzusetzen.

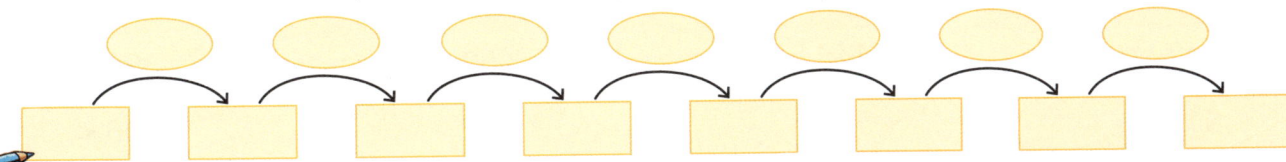

c) Schreibe das Ende einer Zahlenfolge auf.
Bitte ein anderes Kind die vorausgehenden Zahlen zu ergänzen.

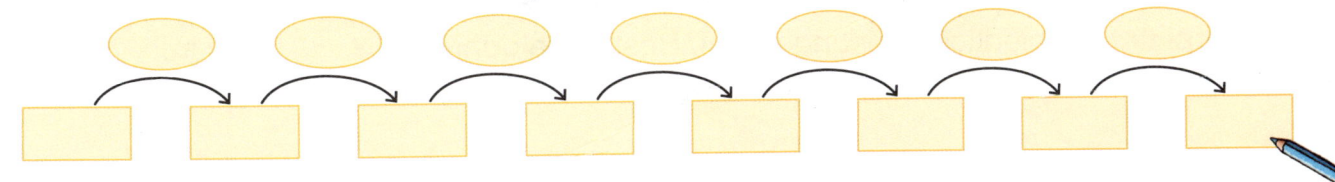

d) Überlege und besprich mit einem anderen Kind, wie viele Zahlen du kennen musst, damit du eine Zahlenfolge fortsetzen kannst.

→ Ü Seite 7

★ orientieren sich im Zahlenraum bis 1000 durch flexibles Zählen
★ entwickeln arithmetische Muster, setzen diese fort und verändern sie systematisch

1 Suche dir einen Partner.
Jeder schreibt eine dreistellige Zahl auf einen Zettel. Vergleicht die Zahlen. Verwendet die Zeichen < und >.

2 Setze das passende Zeichen ein: <, =, >.

a) 658 < 713

319 ◯ 299

456 ◯ 456

b) 791 ◯ 692

809 ◯ 809

123 ◯ 132

c) 410 ◯ 287

742 ◯ 723

987 ◯ 969

d) 300 ◯ 299

439 ◯ 439

856 ◯ 901

3 Male immer die kleinste Zahl rot an.

a) (164) (167)

(519) (516)

b) (497) (491)

(786) (782)

c) (358) (355)

(886) (882)

d) (276) (279)

(695) (690)

4 Male immer die größte Zahl gelb an.

a) (776) (779)

(354) (358)

b) (544) (548)

(675) (670)

c) (674) (634)

(253) (283)

d) (463) (493)

(995) (955)

5 Setze passende Zahlen ein.
Schreibe mindestens drei unterschiedliche Lösungen auf.

a) 512 < ☐

512 < ☐

512 < ☐

b) 148 > ☐

148 > ☐

148 > ☐

c) 452 > ☐

452 > ☐

452 > ☐

d) 396 < ☐

396 < ☐

396 < ☐

6 Setze passende Zahlen ein. Schreibe mindestens drei unterschiedliche Lösungen auf. Bestimme dann die Anzahl aller Zahlen, die du einsetzen kannst.

a) 782 < ☐ < 791

b) 342 > ☐ > 324

Seite 40 Aufgabe 6

a)   7 8 2 < ... < 7 9 1   b)   ...

* vergleichen Zahlen und begründen Beziehungen zwischen Zahlen

1 Ordne die Zahlen der Größe nach.

Beginne mit der kleinsten Zahl.

a)
302			418		
	481	312		321	381

302,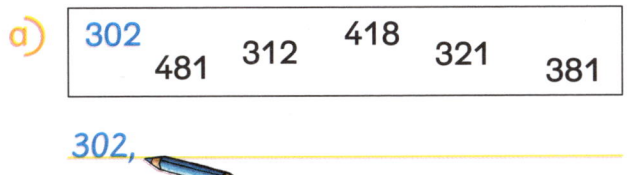

Beginne mit der größten Zahl.

c)
	487				
443		434	490	478	409

490,

b)
623	632	263	236	326	362

d)
573	753		357		
		375		735	537

2 Ordne die Zahlen. Die Buchstaben ergeben ein Lösungswort.

Beginne mit der kleinsten Zahl.

a)
406	327	219	501	328
H	U	B	E	C

219				
B				

b)
240	198	793	791	204
N	T	E	N	A

Beginne mit der größten Zahl.

c)
641	376	553	464	730
H	N	O	R	A

730				
A				

d)
874	599	612	904	871
I	E	H	E	C

3 Beschreibe in deinem Lerntagebuch, welche Hilfen auf den Seiten 31 bis 41 du verwenden kannst, um Zusammenhänge zwischen den Zahlen zu erkennnen und darzustellen.

400	100	800		600	300	700	200		900	500	700	100	300

→ Ü Seite 8   ★ ordnen und vergleichen Zahlen und begründen Beziehungen zwischen Zahlen   **41**

Zahlvergleiche mit Pfeilbildern darstellen

1 Zeichne die Pfeile passend ein.

a)

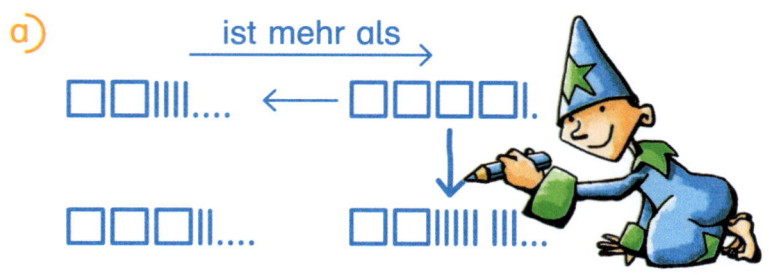

ist mehr als →

☐☐☐IIII.... ← ☐☐☐☐☐I.

☐☐☐II.... ☐☐☐IIIII III....

b) ist weniger als →

☐☐☐☐☐.. ☐☐☐☐☐IIII

☐☐☐IIII ☐☐.....

c) ist weniger als →

☐IIIIII II.. ☐☐☐II.

☐☐☐IIII... ☐☐☐IIIIII..

d) ist mehr als →

☐☐☐II... ☐☐IIII...

☐☐☐I..... ☐☐☐II..

2 Zeichne die Pfeile ein.

a) ist größer als →

425 ← 535

624 ← 716

b) ist größer als →

447 762

512 313

c) ist kleiner als →

499 659

963 748

d) ist kleiner als →

799 998

1000 899

3 Schreibe auf, was die Pfeile bedeuten.

a) 469 → 399 b) 754 → 813 c) ☐ → ☐ d) ☐ → ☐

ist größer als

e) 699 ← 758 f) 734 ← 497 g) ☐ → ☐ h) ☐ ← ☐

834 812 ← 389 ☐ ☐ ← ☐

★ übertragen bereits bekannte Darstellungsformen und Ordnungsrelationen in den erweiterten Zahlenraum
★ finden die Bedeutungen dargestellter Ordnungsrelationen an komplexen Darstellungen

  1

Beim Spielefest haben die Kinder folgende Punkte erreicht:

Name	Tim	Patrick	Lea	Meral	Lena	Paul	Ole	Maja
Punkte	774	922	907	944	809	876	731	805

Finde drei Fragen zur Tabelle.
Schreibe sie in dein Heft und beantworte sie.
Vergleiche deine Fragen mit denen eines anderen Kindes.

Seite 43 Aufgabe 1

...

2 Betrachte die Fahrräder im Schaufenster.

a) Ordne die Fahrräder nach dem Preis und nummeriere im Bild. Beginne mit dem teuersten Fahrrad.

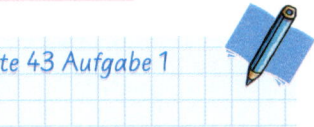

b) Schreibe auf, welches Fahrrad von wem gekauft wird:

– Herr Schmitt kauft ein Fahrrad für weniger als 400 € und mehr als 300 €.

Herr Schmitt kauft das rote Fahrrad für 318 €.

– Frau Göbel muss zwischen 200 € und 300 € bezahlen.

 – Frau Weiß bezahlt weniger als 600 € und mehr als 400 €.

 c) Finde selbst Aussagen. Stelle sie einem anderen Kind vor. Bitte es herauszufinden, welche Fahrräder es sein können.

Seite 43 Aufgabe 2

c) ...

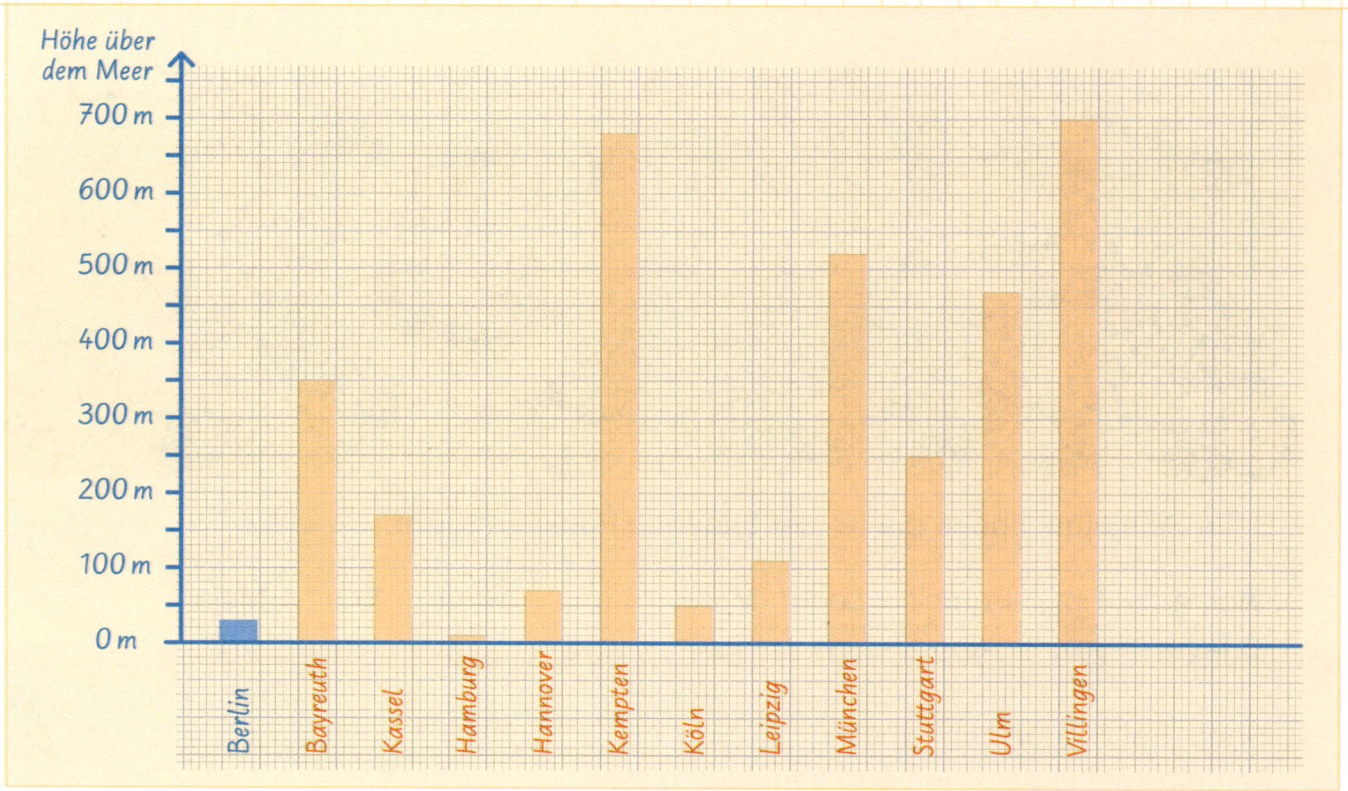

Höhe über dem Meer

700 m
600 m
500 m
400 m
300 m
200 m
100 m
0 m

Berlin · Bayreuth · Kassel · Hamburg · Hannover · Kempten · Köln · Leipzig · München · Stuttgart · Ulm · Villingen

1 Lies aus dem Säulendiagramm ab, wie hoch die Städte etwa über dem Meer liegen. Stelle die Ergebnisse in einer Tabelle dar.

Seite 44 Aufgabe 1	
Stadt	Höhe über dem Meer
Berlin	3 0 m
...	

2 Beantworte die Fragen:

a) Welche Stadt liegt am höchsten? _____

b) Auf welcher Höhe liegt Stuttgart? _____

c) Vergleiche jeweils die Höhe von zwei Städten.

_____ liegt höher als _____   _____ liegt niedriger als _____

_____ liegt höher als _____   _____ liegt niedriger als _____

d) Ordne die Städte nach ihrer Höhe.

_____

_____

3 Mithilfe welcher Darstellung (Säulendiagramm oder Tabelle) konntest du die Fragen aus Aufgabe 2 schnell beantworten? Erkläre deine Überlegungen einem anderen Kind.

4 Besorge dir Landkarten von deiner Umgebung oder deinem Urlaubsgebiet und erstelle selbst ein Säulendiagramm.

★ entnehmen einem Säulendiagramm Daten und stellen sie strukturiert dar
★ nutzen und bewerten geeignete Darstellungsformen für das Bearbeiten mathematischer Probleme
★ übertragen selbst gesammelte und vorgegebene Daten in ein Diagramm

→ Ü Seite 9

Informationen entnehmen und darstellen

Für die Schillerschule wurden die Ergebnisse der Bundesjugendspiele der letzten Jahre zusammengestellt:

	2011	2012	2013	2014	2015	2016
Siegerurkunde	120	95	127	133	108	114
Ehrenurkunde	75	65	62	71	83	79
Teilnehmerurkunde	35	50	41	26	39	37

Ein Diagramm lässt die Veränderungen von Jahr zu Jahr leicht erkennen.

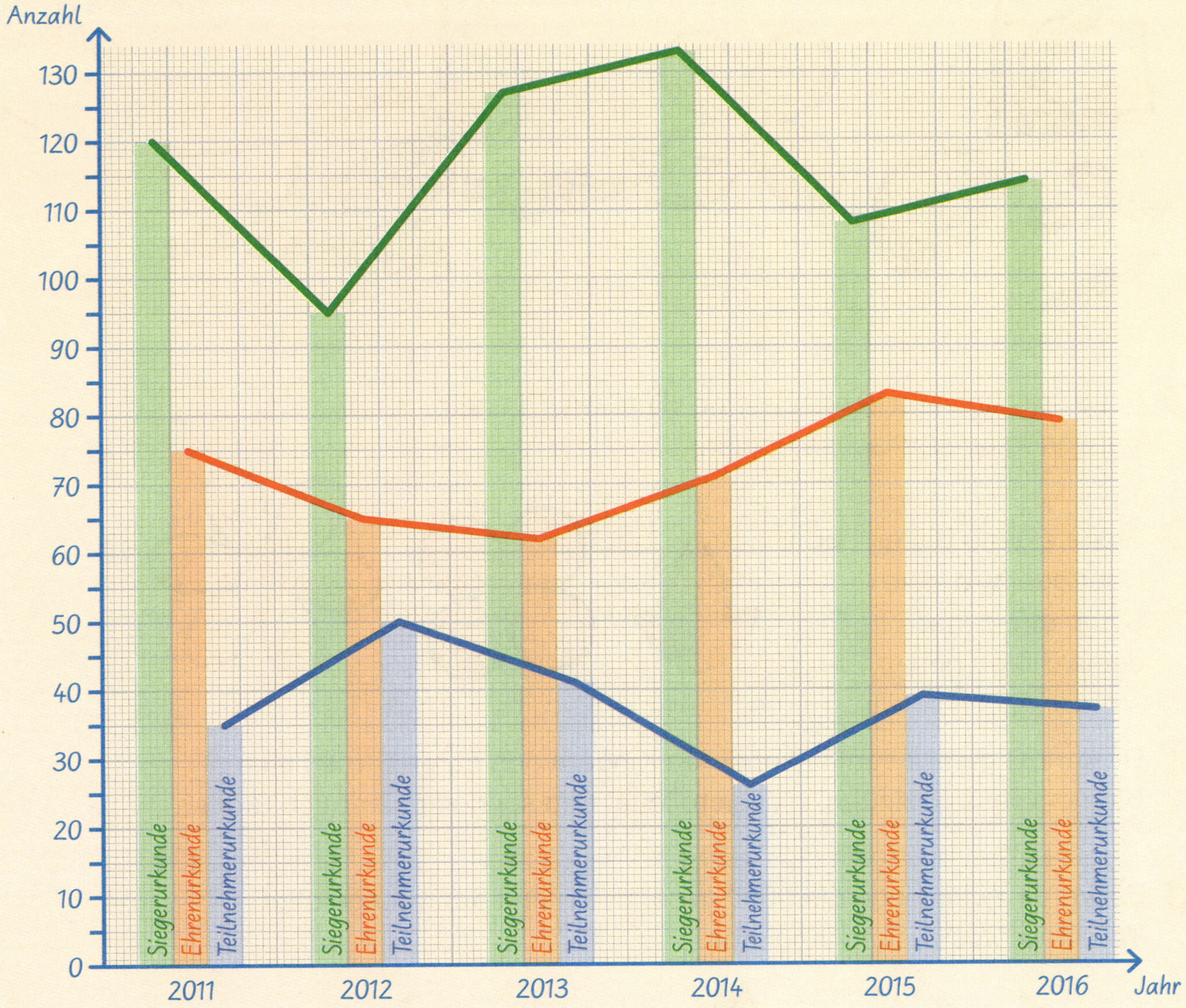

Anzahl

[Diagramm mit den Jahren 2011 bis 2016 und den Linien für Siegerurkunde, Ehrenurkunde und Teilnehmerurkunde]

Jahr

 1 Schreibe möglichst viele Informationen auf, die du dem Diagramm entnehmen kannst. Besprich sie mit einem anderen Kind.

Seite 45 Aufgabe 1

...

 2 Besorge dir gemeinsam mit anderen Kindern Daten eurer Schule und versucht, ein solches Diagramm zu erstellen.

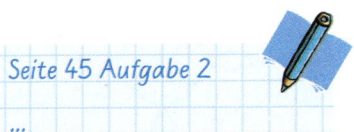

Seite 45 Aufgabe 2

...

★ erkennen Möglichkeiten der Darstellung von Entwicklungsprozessen durch Diagramme im zeitlichen Zusammenhang
★ entnehmen einer grafischen Darstellung dieser Prozesse erweiterte Informationen und vergleichen diese
★ sammeln und vergleichen Daten ihrer Lebenswirklichkeit und stellen sie strukturiert dar

Blüten falten und schneiden

Die Faltlinie heißt Symmetrieachse. Sie teilt die Figur in zwei gleiche Teile. Beim Falten liegen diese Teile genau aufeinander. Die Figur ist achsensymmetrisch.

1 Falte, zeichne und schneide eine Blüte wie Einstern. Verwende quadratisches Papier.

2 Stelle eigene Blüten her. Überlege, wie viele Symmetrieachsen deine Blüten haben.

3 Du kannst gemeinsam mit anderen Kindern aus euren Blüten eine Blumenwiese gestalten. Vielleicht faltet und schneidet ihr auch Blätter.

4 Es wurde zweimal gefaltet und geschnitten und dann aufgefaltet. Verbinde, was zusammengehört.

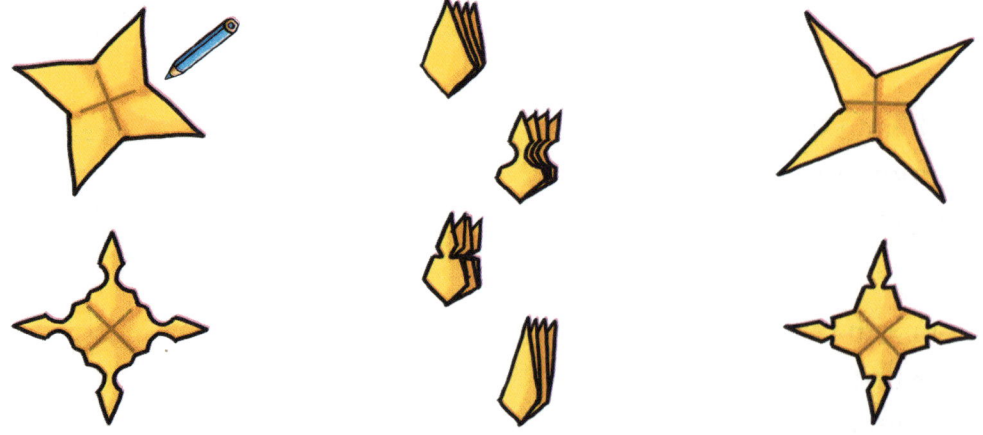

* stellen achsensymmetrische Figuren durch Falten und Schneiden her

1 Stelle fest, welche Figuren achsensymmetrisch sind.
Nutze dafür einen Spiegel. Kreuze an.

A
B
C
D
H
E
F
G
I
K
L
M
N
O
P

2 Hier wurden beim Zeichnen der achsensymmetrischen Figuren Fehler gemacht.
Kreise ein, was falsch ist.

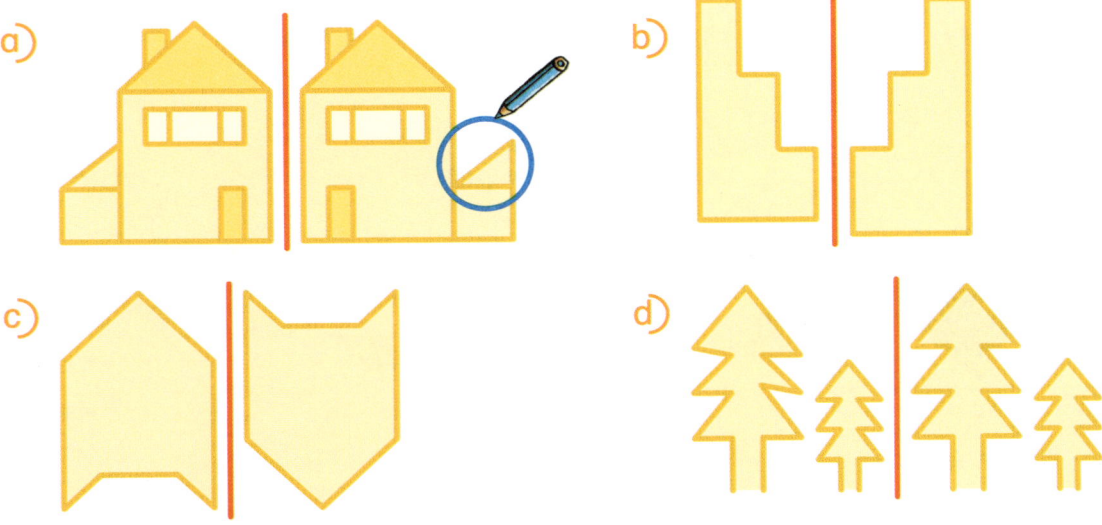

a)

b)

c)

d)

3 Zeichne selbst eine achsensymmetrische Figur mit Fehlern.
Bitte ein anderes Kind, die Fehler zu suchen.

★ erkennen achsensymmetrische und nicht achsensymmetrische Figuren
★ finden und benennen Fehler hinsichtlich der Eigenschaft Achsensymmetrie
★ erzeugen achsensymmetrische Figuren (mit Fehlern)

Achsensymmetrische Figuren entdecken und Korrekturen einzeichnen

1 Ergänze die Zeichnung oder streiche Dinge durch, so dass das Bild achsensymmetrisch wird.

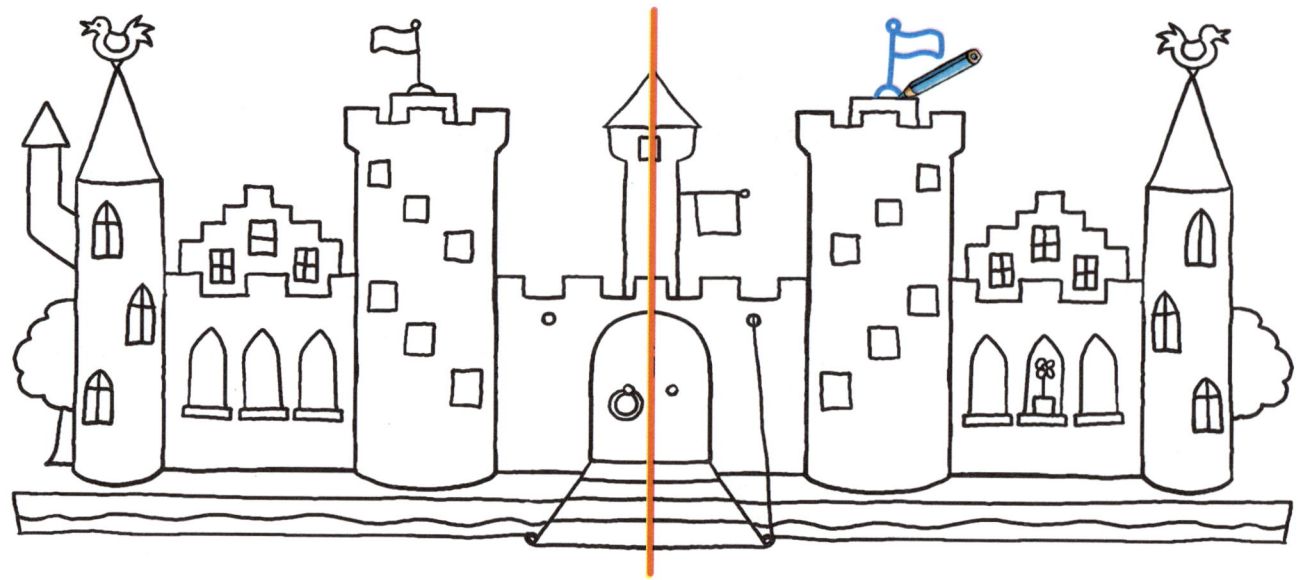

2 Male jeweils zueinander achsensymmetrische Fische mit der gleichen Farbe aus.

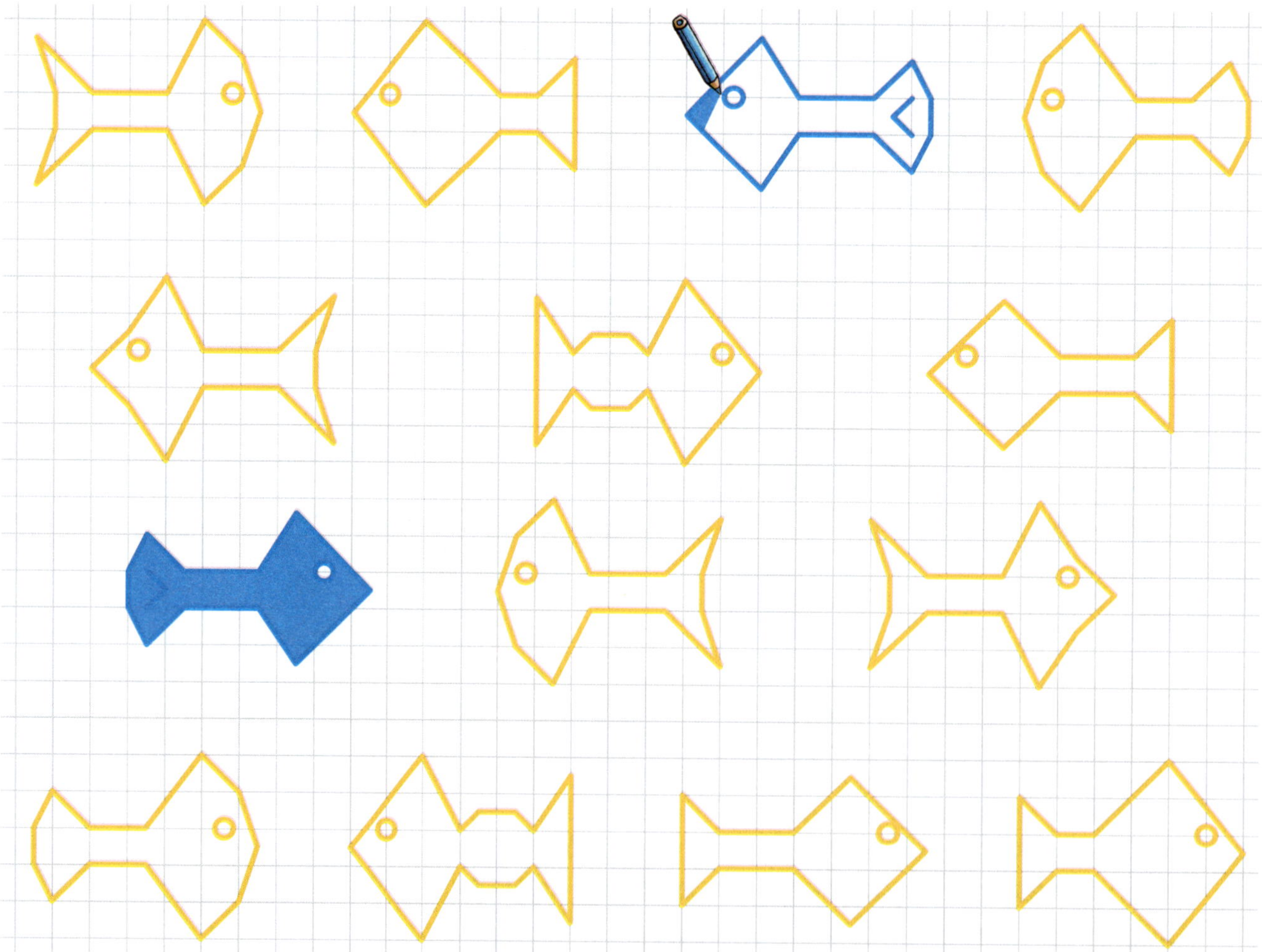

* finden und korrigieren Fehler hinsichtlich der Eigenschaft Achsensymmetrie
* erkennen zueinander achsensymmetrische Figuren

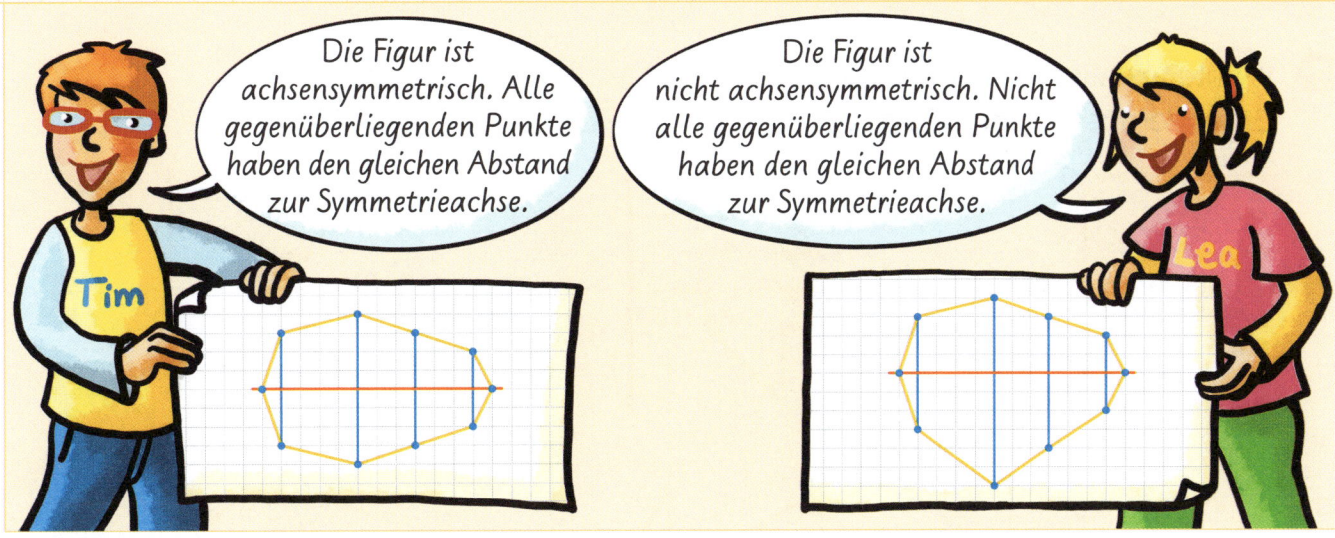

1. Stelle fest, welche Figuren achsensymmetrisch sind. Kreuze an.
Begründe deine Aussage einem anderen Kind.

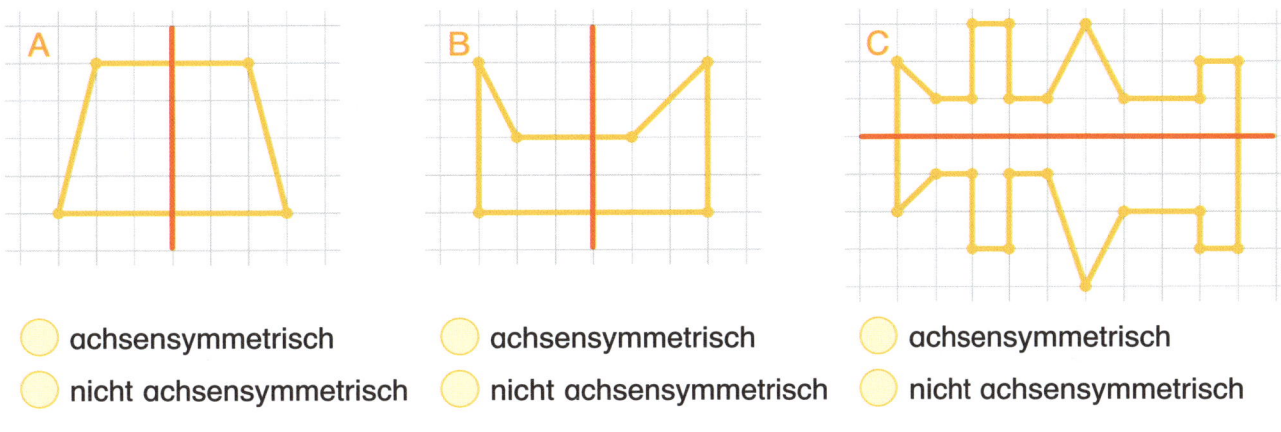

- ○ achsensymmetrisch
- ○ nicht achsensymmetrisch

- ○ achsensymmetrisch
- ○ nicht achsensymmetrisch

- ○ achsensymmetrisch
- ○ nicht achsensymmetrisch

2. Entscheide, welche Figuren achsensymmetrisch sind.
Zeichne die Symmetrieachsen ein.

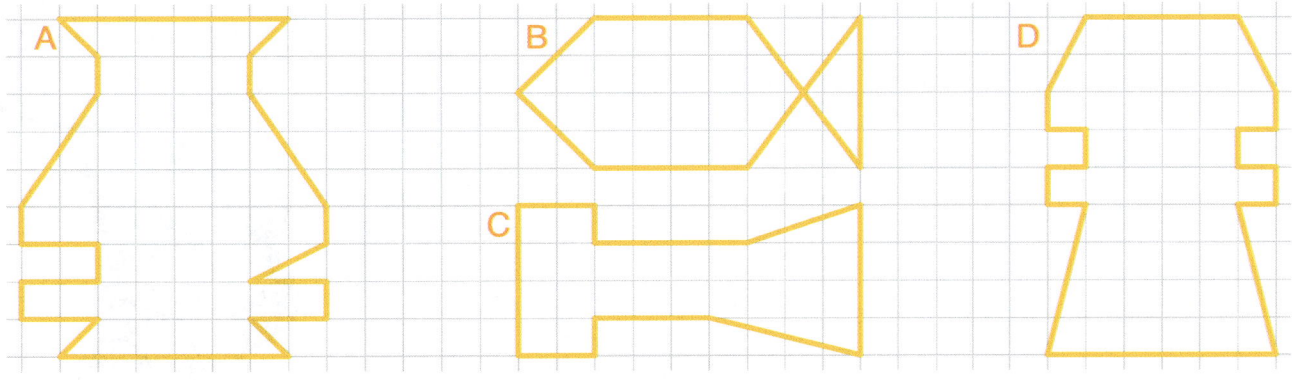

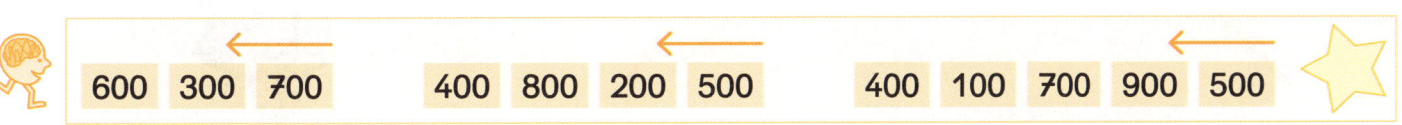

| 600 | 300 | 700 | | 400 | 800 | 200 | 500 | | 400 | 100 | 700 | 900 | 500 |

* überprüfen komplexere Figuren auf Achsensymmetrie
* begründen Symmetrieeigenschaften über Abstands- und Längentreue
* zeichnen Symmetrieachsen ein

Spiegelbilder zeichnen

1 Wähle jeweils mindestens eine Figur aus.
Ergänze das Spiegelbild dazu. Benutze dein Lineal.

a)

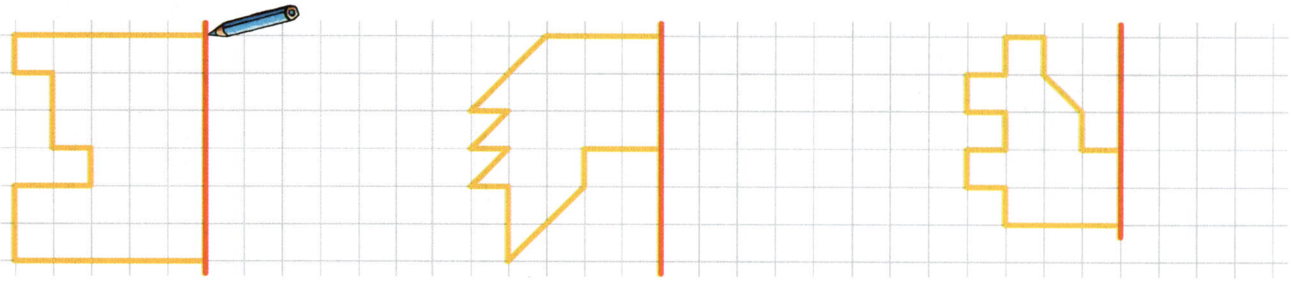

b)

c)

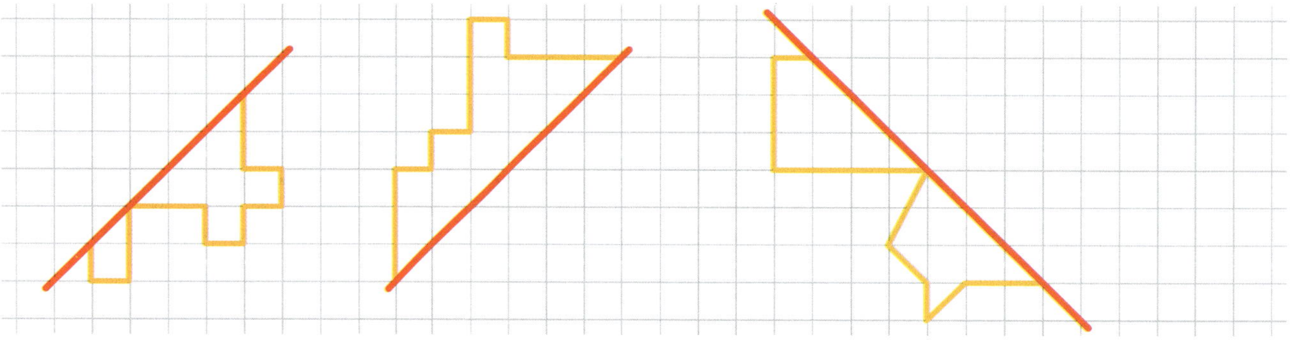

d)

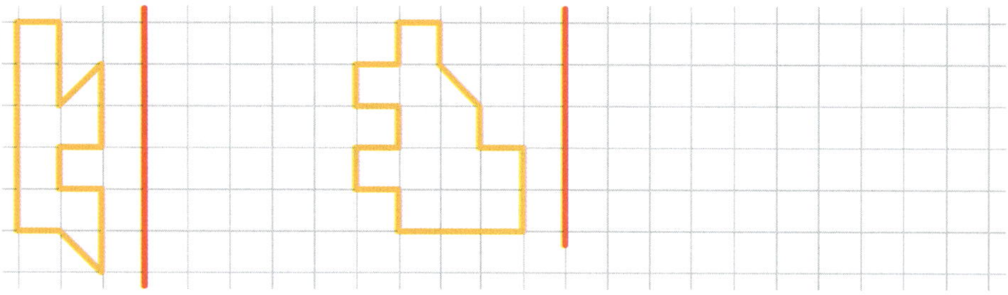

Nach dem Zeichnen überprüfe ich die Figuren mit dem Spiegel.

e)

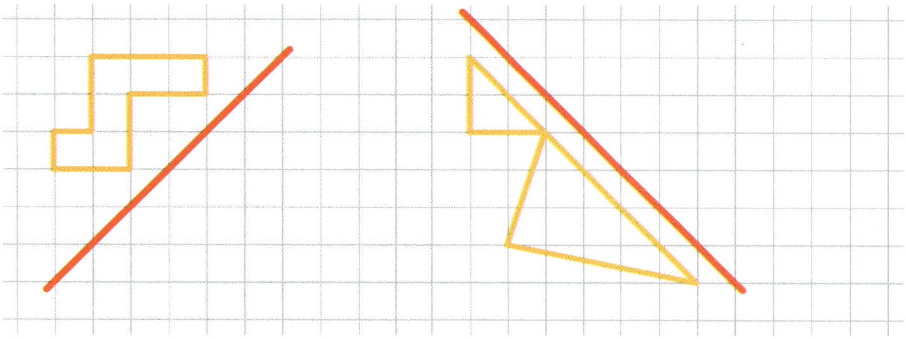

★ ergänzen komplexere achsensymmetrische Figuren
★ zeichnen auf Gitterpapier Spiegelbilder

Symmetrieachsen einzeichnen

1 Stelle fest, ob die Figuren achsensymmetrisch sind.
Zeichne bei achsensymmetrischen Figuren mit einem roten Stift alle Symmetrieachsen ein. Benutze ein Lineal.
Vergleiche deine Ergebnisse mit denen anderer Kinder.

a) 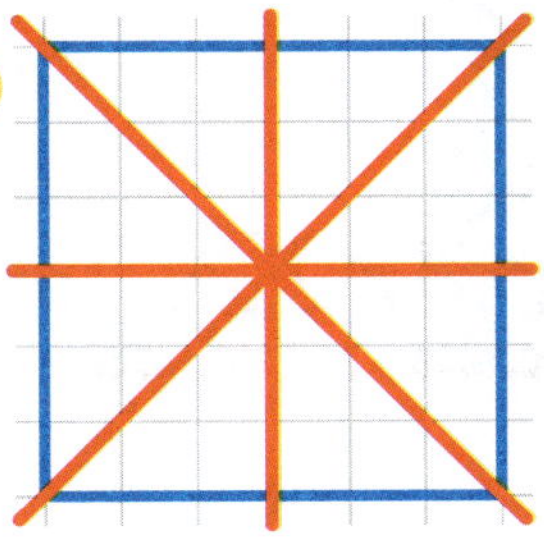

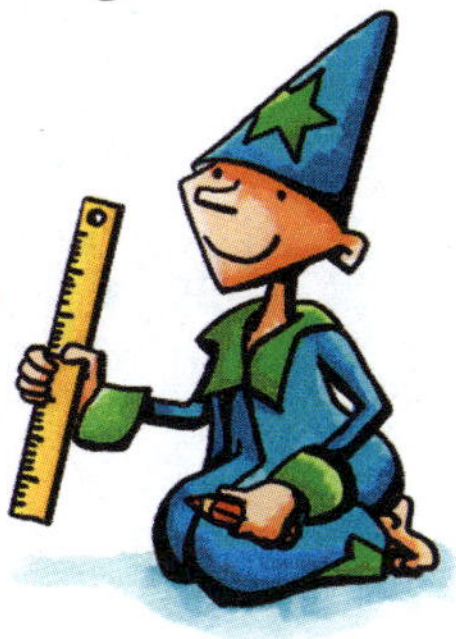

b) 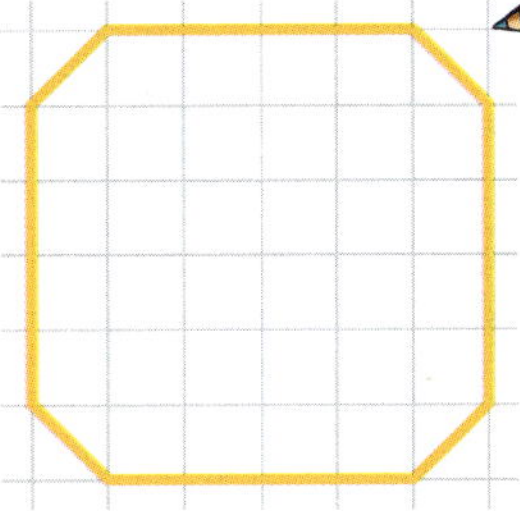

c) 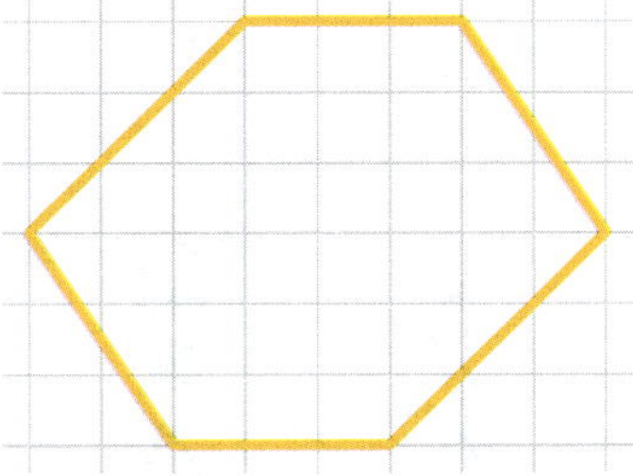

d) 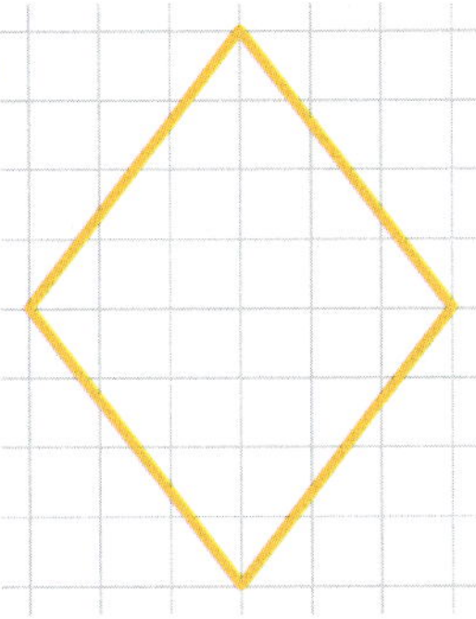

e) 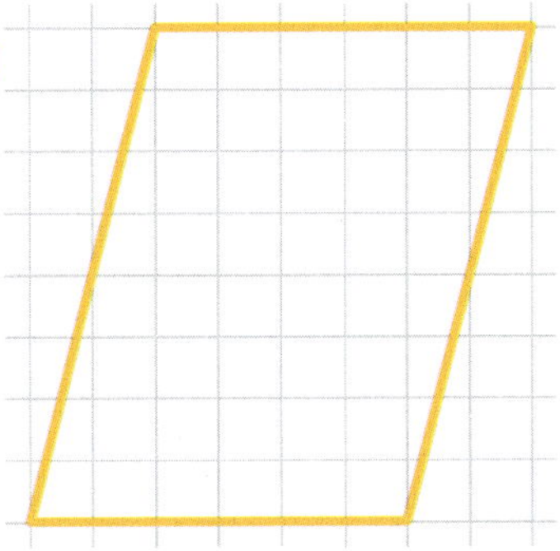

f) 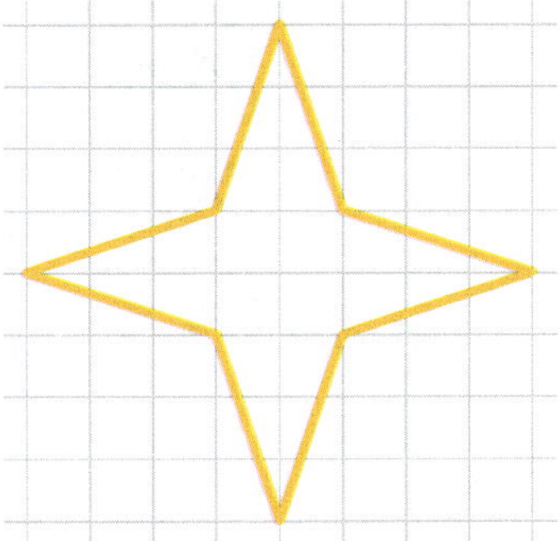

g) 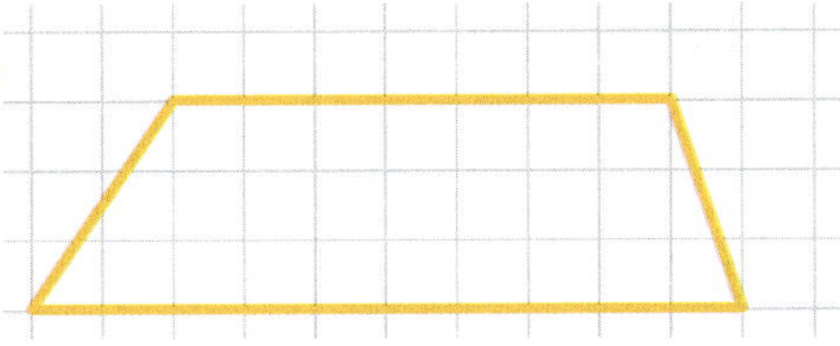

h) 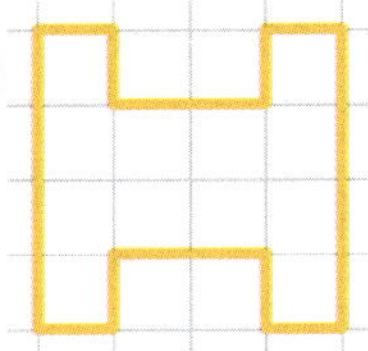

i) 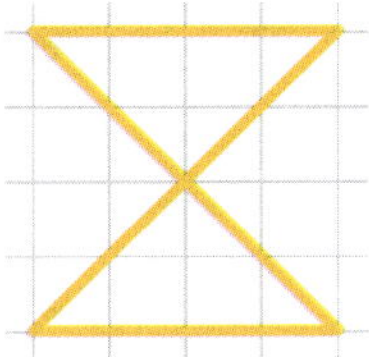

k) 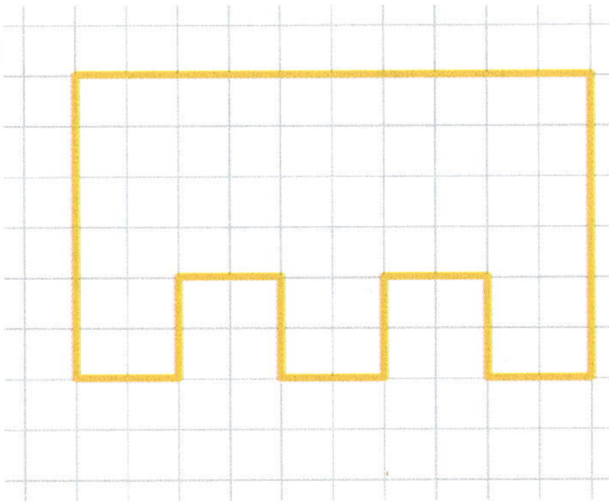

l) 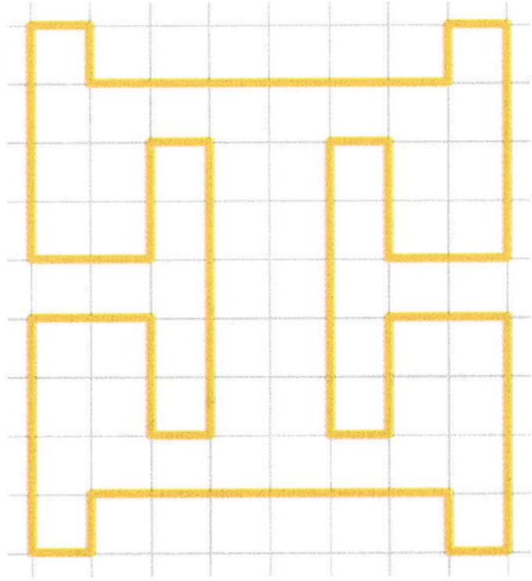

m) 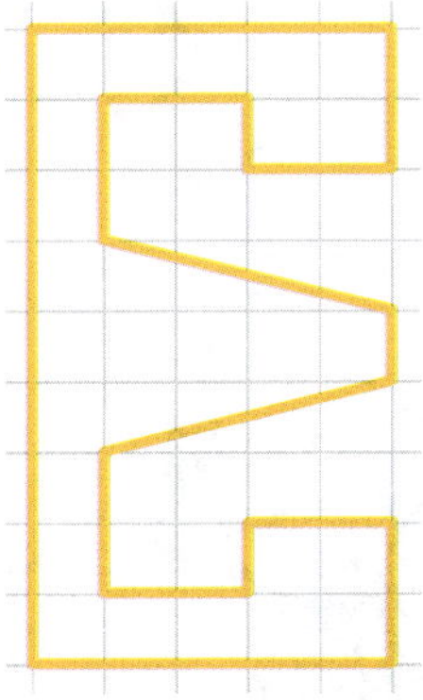

n) 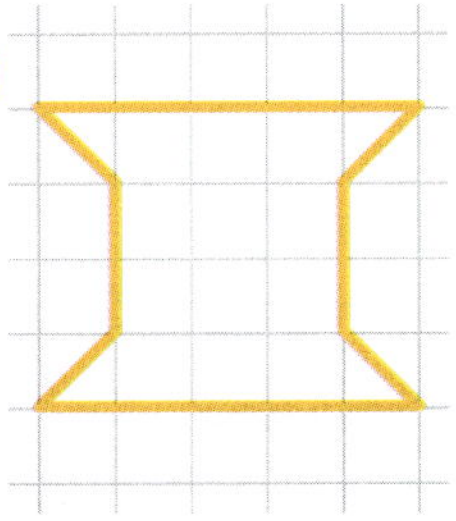

o) 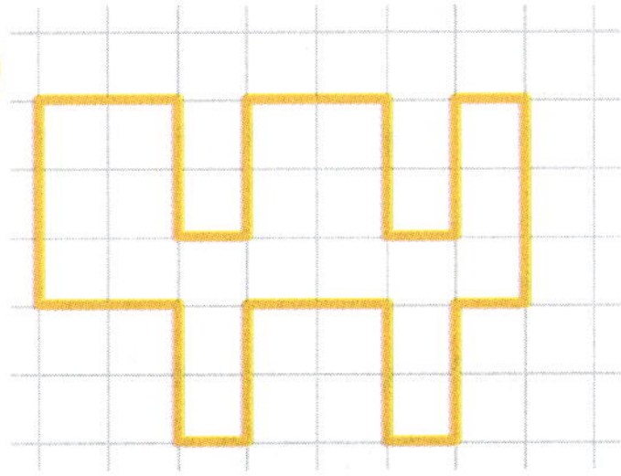

p) 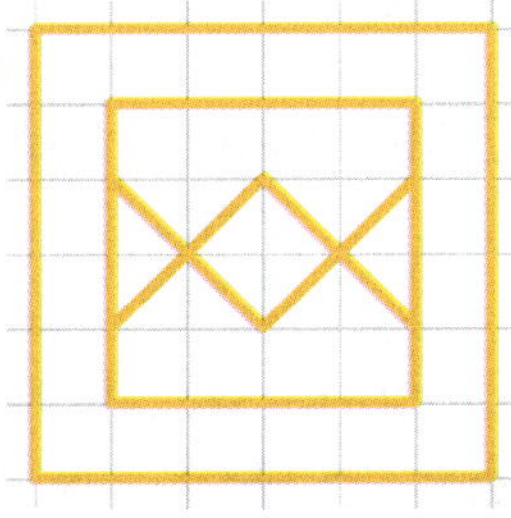

→ Ü Seite 10

Spiegelbilder zeichnen

1 Wähle eine der Figuren aus. Zeichne das Spiegelbild dazu.

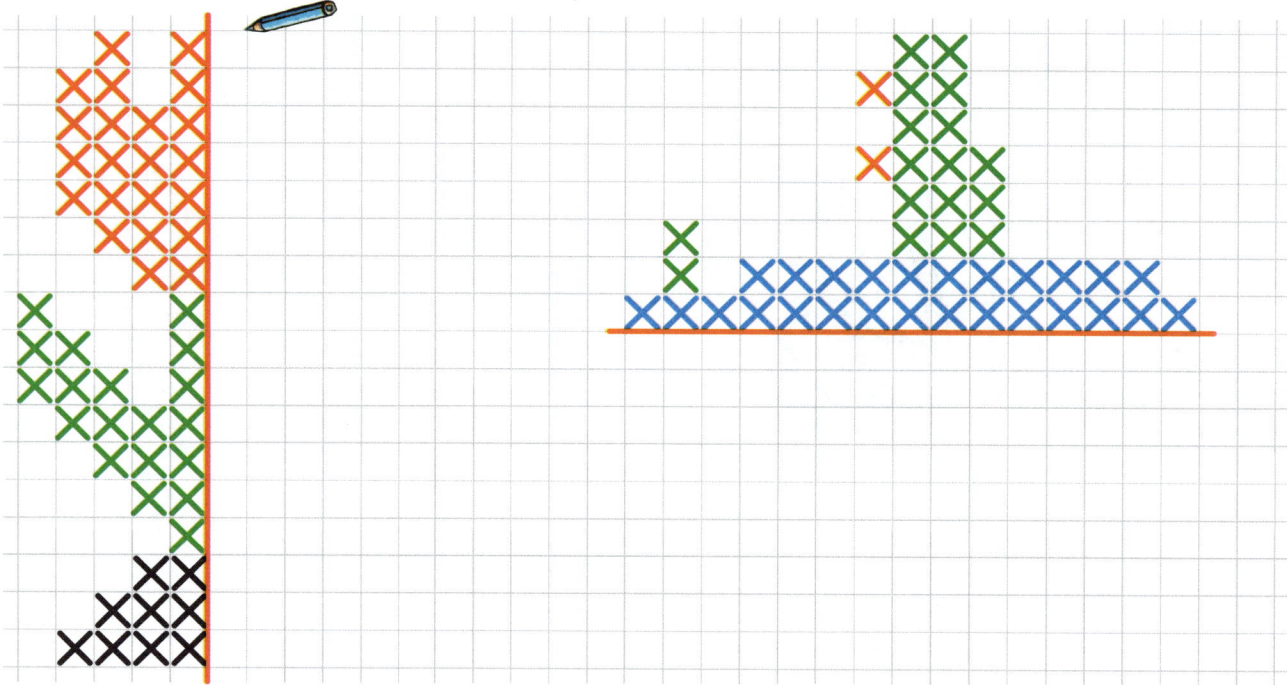

2 Spiegelbilder zeichnen

a) Wähle mindestens eine Figur aus. Zeichne das Spiegelbild dazu.

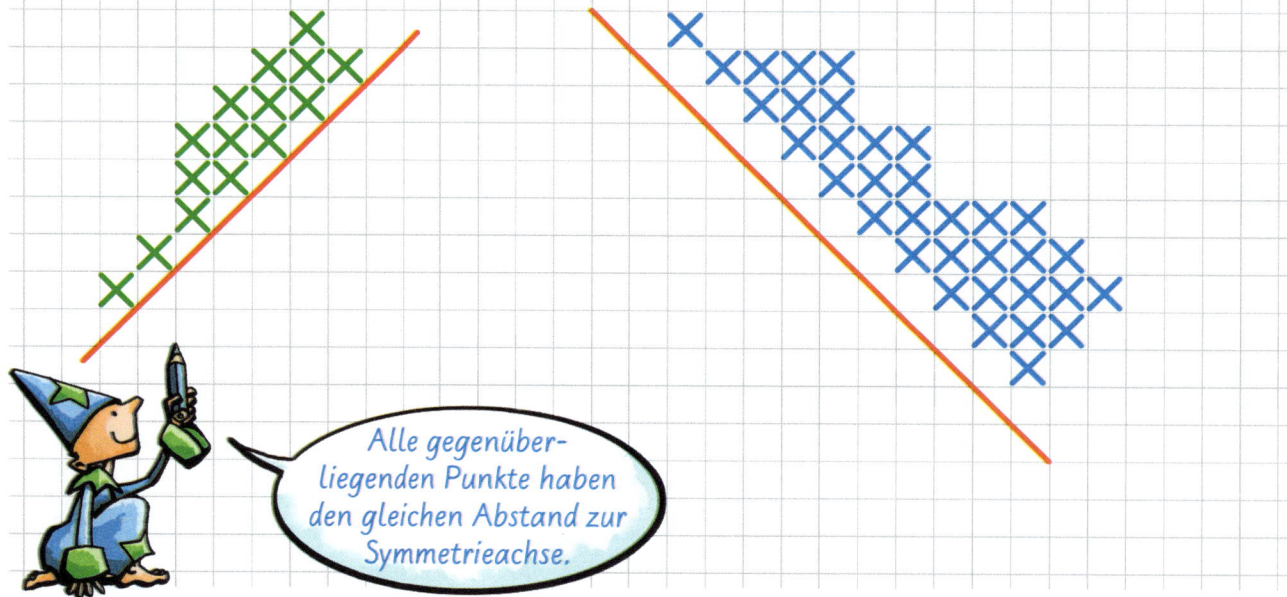

Alle gegenüber-liegenden Punkte haben den gleichen Abstand zur Symmetrieachse.

b) Erkläre einem anderen Kind, wie du vorgegangen bist.

3 Zeichne selbst weitere Figuren und eine Symmetrieachse in dein Heft. Zeichne dann jeweils das Spiegelbild dazu.

Seite 52 Aufgabe 3

* ergänzen Spiegelbilder bei auf Gitternetz dargestellten Figuren
* übertragen die Erkenntnisse zu Symmetrieeigenschaften auf Figuren im Gitternetz mit diagonal angeordneter Symmetrieachse
* nutzen das Gitternetz beim Zeichnen von eigenen Figuren und deren Spiegelbildern

 1 Lege die Figuren mit Streichhölzern nach und ergänze die rechte Hälfte achsensymmetrisch. Beachte auch die Streichholzköpfe.
Bitte ein anderes Kind, deine Figuren auf Achsensymmetrie zu überprüfen.

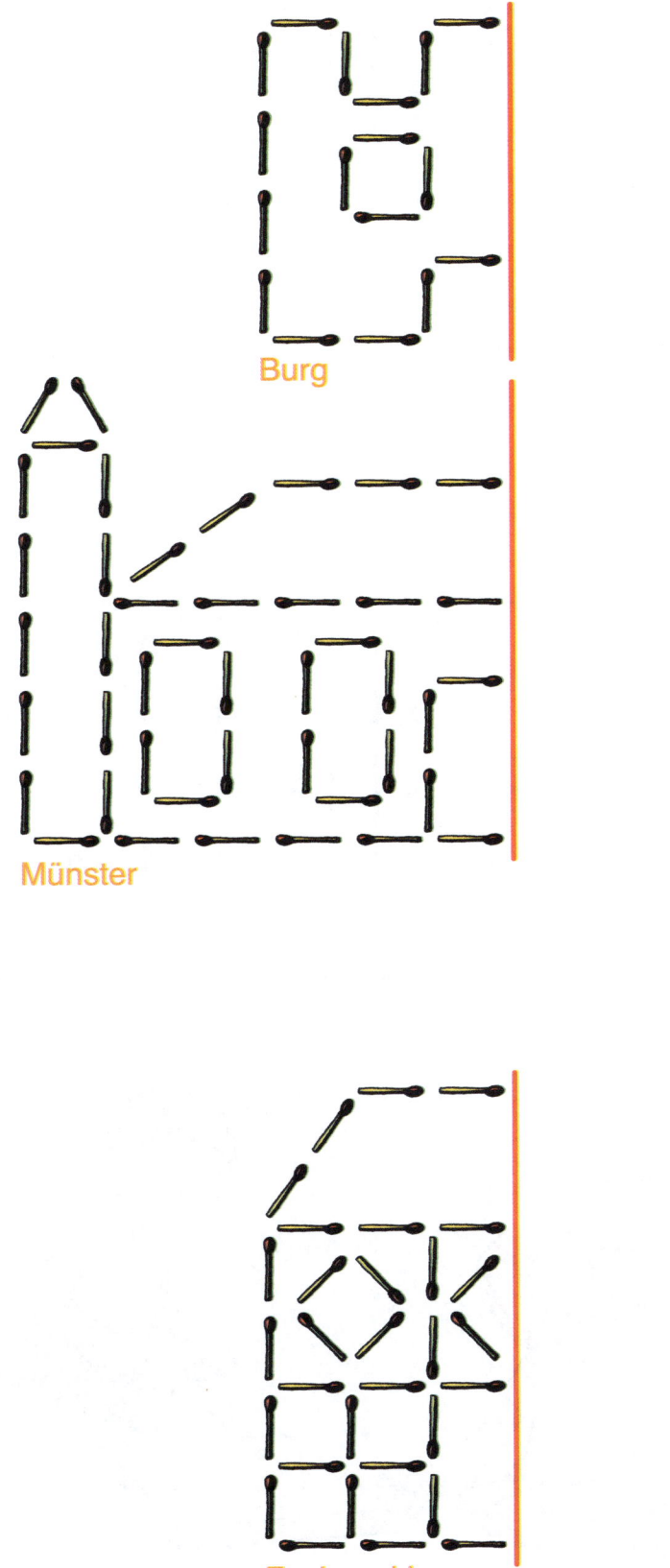

Burg

Münster

Fachwerkhaus

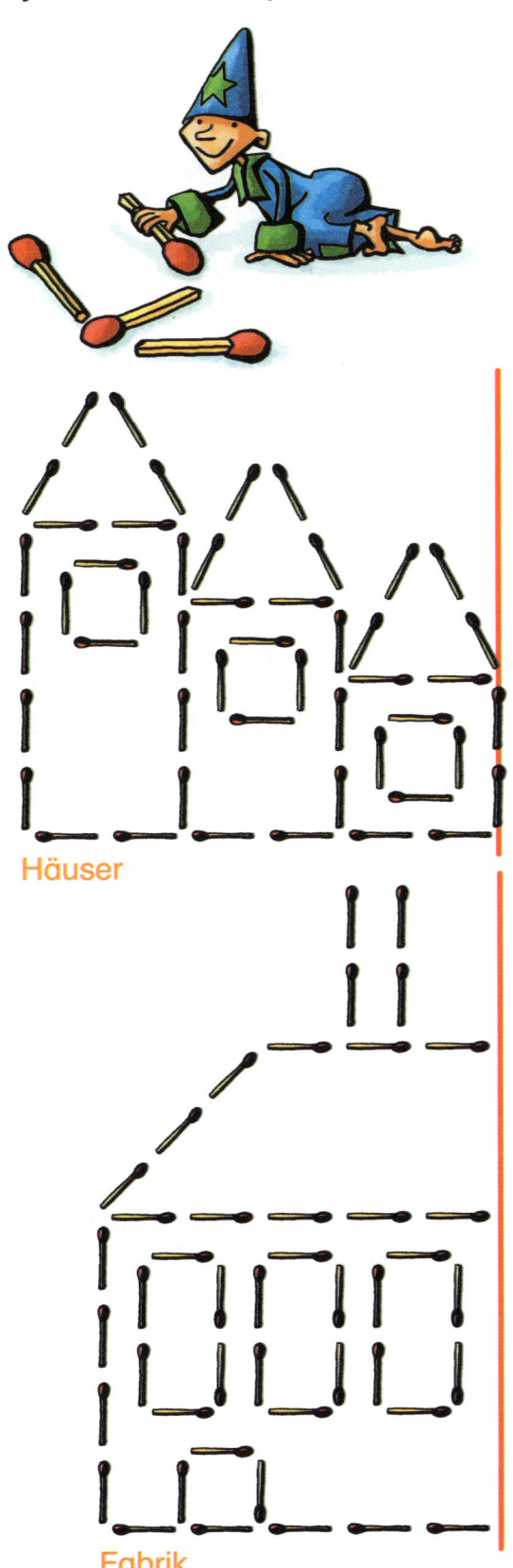

Häuser

Fabrik

1 Gestalte diese Figuren nacheinander mit einem Gummi auf dem Geobrett.
Spanne jeweils mit roten Gummis alle Symmetrieachsen. Zeichne sie ein.

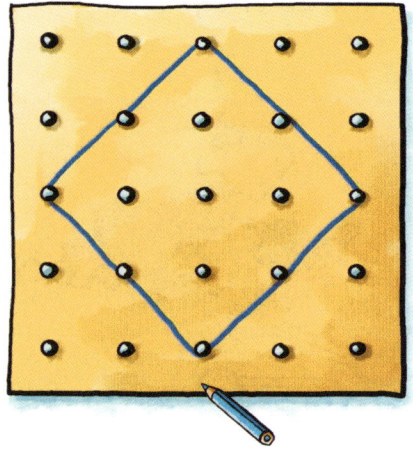 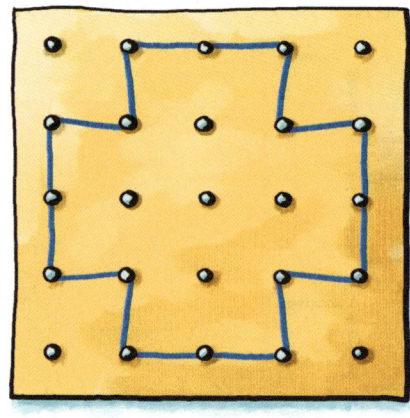 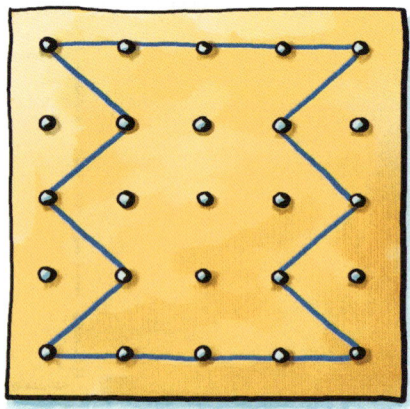

2 Gestalte die Figuren nacheinander mit einem Gummi auf dem Geobrett.
Ergänze sie jeweils mit einem zweiten Gummi zu einer neuen,
achsensymmetrischen Figur. Zeichne sie ein.

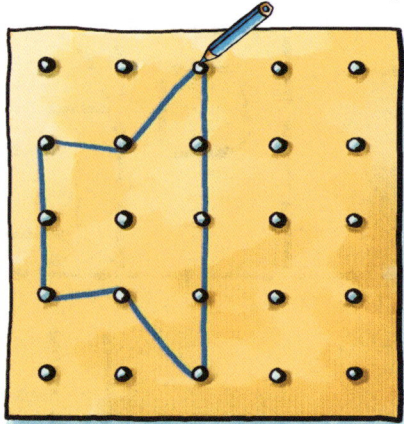 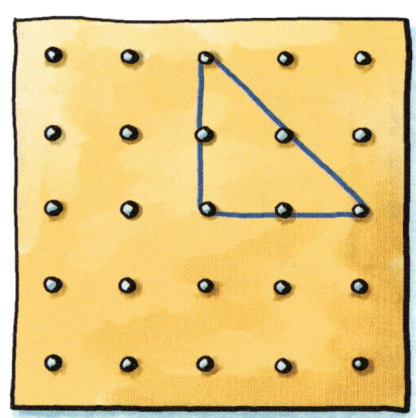 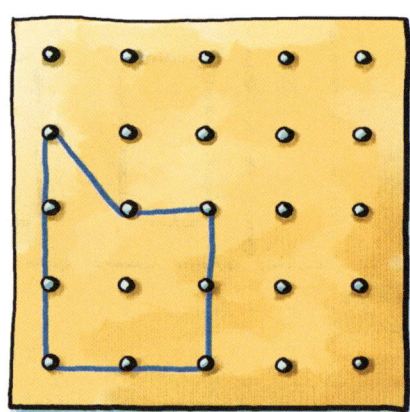

3 Erfinde selbst achsensymmetrische Figuren,
die du auf dem Geobrett gestaltest.
Bitte ein anderes Kind, mit einem Gummi
die Symmetrieachse(n) zu spannen.
Tauscht auch die Rollen.

∗ übertragen vorgegebene Figuren auf das Geobrett (Punkteraster) und ergänzen alle Symmetrieachsen
∗ erzeugen achsensymmetrische Figuren

1 Brücken sind meist achsensymmetrisch. Zeichne mindestens eine der Teilbrücken in dein Heft. Vervollständige sie, indem du das Spiegelbild zeichnest.

Seite 55 Aufgabe 1
...

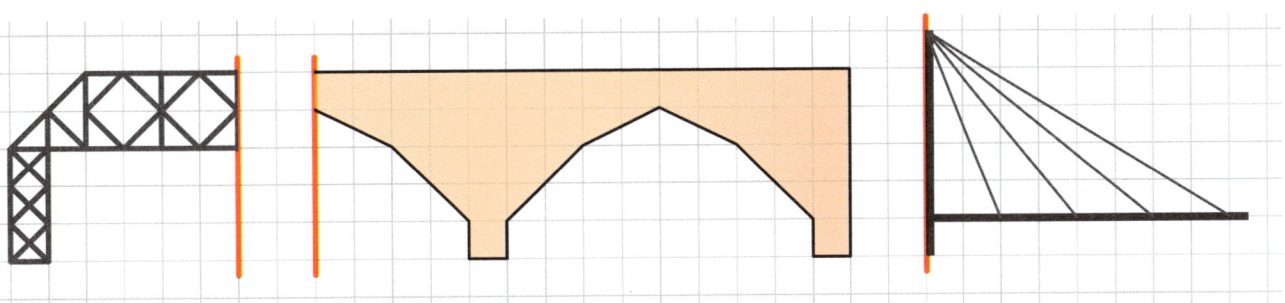

2 Architekten planen Doppelhäuser oft achsensymmetrisch. Ergänze die zweite Doppelhaushälfte.

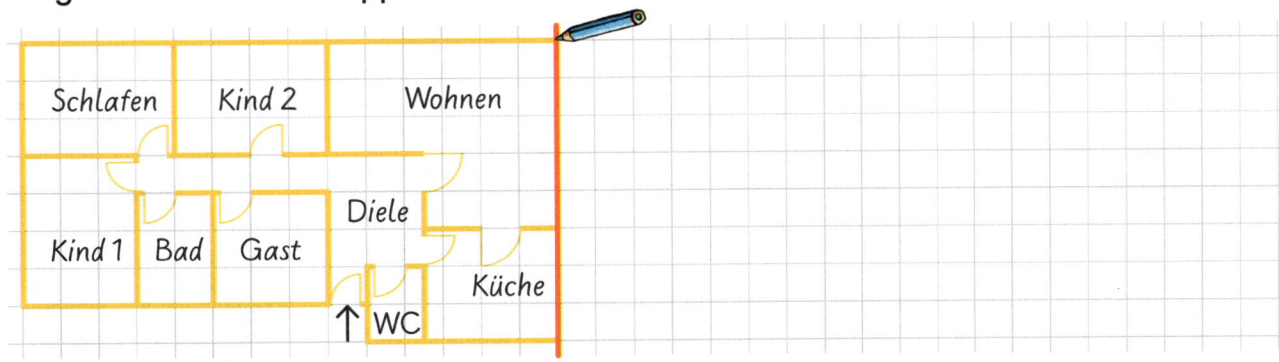

3 Übertrage die Teile der Fachwerkhäuser. Zeichne jeweils die Symmetrieachse ein.

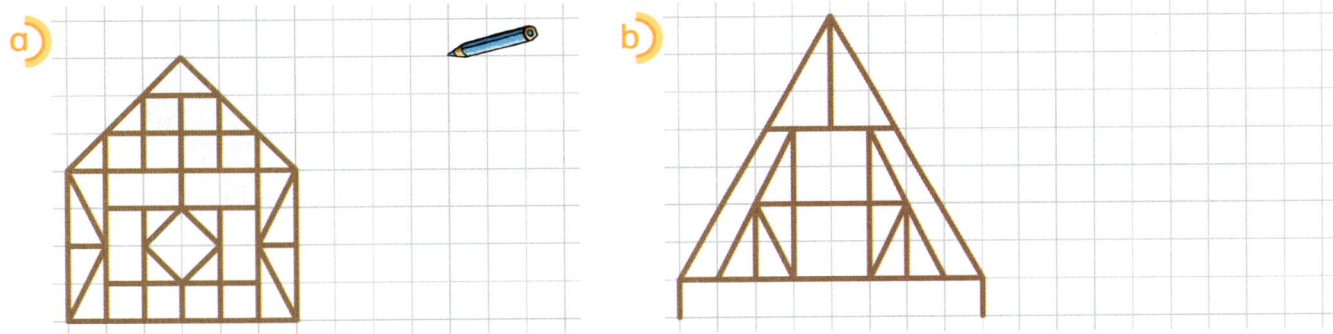

4 Du kannst auch Fachwerkhäuser oder andere Bauwerke und Gegenstände in deiner Umgebung suchen. Skizziere die achsensymmetrischen Teile oder das ganze Haus. Du kannst auch fotografieren.

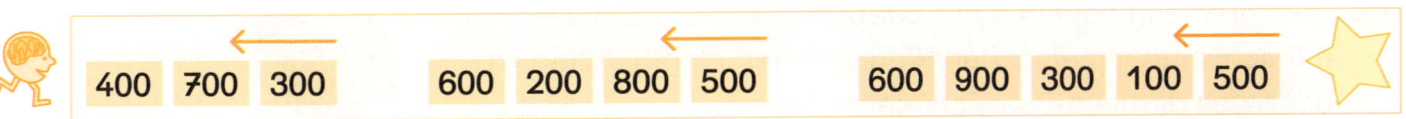

400 700 300   600 200 800 500   600 900 300 100 500

★ erkennen Achsensymmetrie als Eigenschaft von Bauwerken und Bauplänen
★ wenden die Eigenschaften der Achsensymmetrie beim Ergänzen von Bauwerksdarstellungen an
★ finden in ihrer Umwelt achsensymmetrische Fachwerkhäuser oder Ausschnitte davon und skizzieren diese

Symmetrische Muster gestalten

1 Ein Muster abzeichnen

a) Wähle eines der Muster aus und setze es fort.

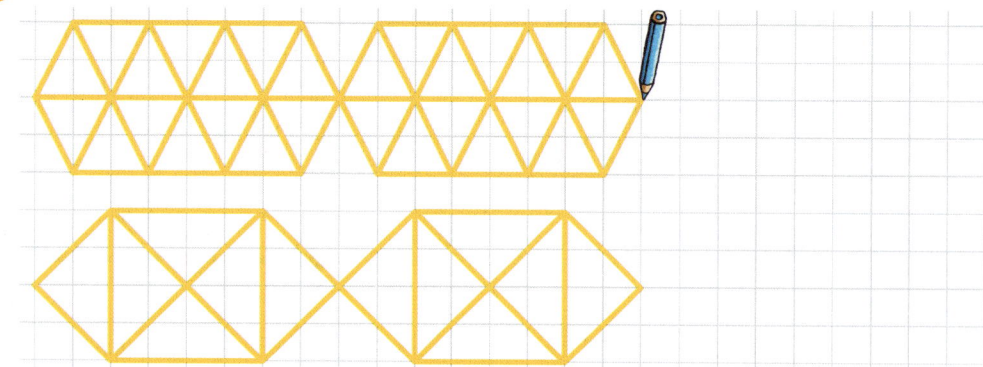

b) Male das Muster so an, dass jeweils zwei nebeneinander-
liegende Teile symmetrisch zueinander sind.

2 Ein Muster abzeichnen

a) Zeichne zunächst solche Quadrate in dein Heft.

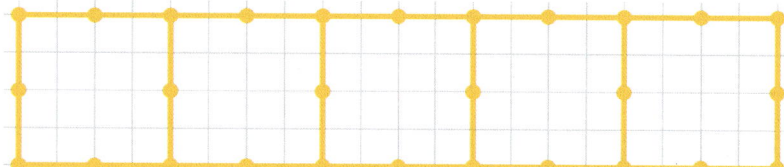

b) Zeichne im ersten Quadrat diese Verbindungslinien ein.

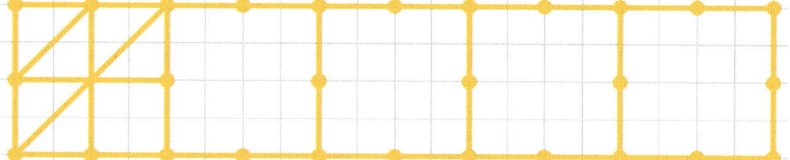

c) Setze das Muster fort:
Zeichne jeweils im nächsten Quadrat das Spiegelbild.

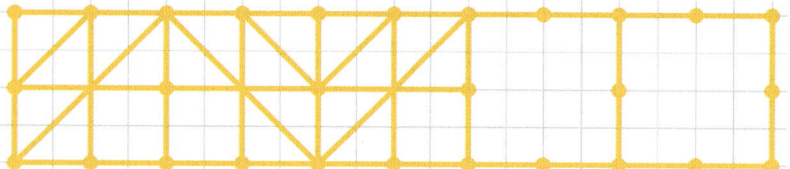

d) Male das Muster so aus, dass zwei nebeneinander-
liegende Teile achsensymmetrisch zueinander sind.

e) Wiederhole die Aufgabe mit einem selbst erfundenen Muster.

3 Beschreibe in deinem Lerntagebuch, was dir beim Umgang
mit achsensymmetrischen Figuren eher leichtgefallen ist
oder was dir noch Schwierigkeiten bereitet.

★ zeichnen vorgegebene achsensymmetrische Muster (Bandornamente) ab und setzen sie fort
★ gestalten achsensymmetrische Bandornamente farblich so, dass die Eigenschaft Achsensymmetrie erhalten bleibt
★ wenden die Kenntnisse über die Struktur eines Musters bei der Gestaltung eines selbst erfundenen Musters an